ZON

Hooi Markt

roote Haven Brug

DE

Kleine Haven Brug

Scheenmakerij

Kalver Markt

De Kous

Kyf Gracht

Zuid

Wyn Brug

Gracht

Korte Lange Straat

Korte Oranje Gracht

Bierbrouwerij het Hart

Nieuwe Waard Straat

Gracht

Gracht

Kerk

K

der Poort

Meermans Burg

Brouwerij de Posthoorn

R.C.Bewaar School

Stads School

Azijnplaats

Achter

Leege Weg Steeg

at

St Pancraskerksteeg

OUDE

of

Kerkstraat Brug

Hoogelandsche Kerk Gracht

Koppenhink

INVALIDEN HUIS

Weg

Steeg

ARMEN ES- RHUIS

Luthersche Weeshuis

Luthersche Kerk

Haenen Steeg

UM QUARTO NA HOLANDA

PIERRE BERGOUNIOUX

TRADUÇÃO E APRESENTAÇÃO
GABRIEL PERISSÉ

Zee-Visch Markt
Fontein
Warmoes Markt
Markt
Lange Korenbrug Steeg
ADHUIS
Het Loge
Vleesch Hal
Koren Beurs en Brug
Schutters Hoofdwacht
Korte KorenBeursStg
Nobel
Pieters Korenbrug Steeg
Boter
4
Koor Trommer Steeg
Kettelboeter Steeg
Mostaard Steeg
R. Cath. St. Pieters Kerk
Straat
Logement de Gouden Zon
Boomgaard Steeg
Nieuwe Societeit
Brug
NUT VAN 'T ALGEMEEN
R. Cath. St. Lodewijks Kerk

APRESENTAÇÃO

Quando Pierre Bergounioux (escritor, escultor, crítico literário e professor francês) publicou esta breve biografia de René Descartes, em 2009, chamou a atenção dos leitores pela capacidade de resumir em 50 páginas (o número de páginas da edição francesa) dois mil anos de história e geografia ocidentais, contexto em que se insere a vida de Descartes e sua busca por um espaço (um país, uma cidade, um quarto) onde pudesse pensar livremente. Estilo conciso, mas também suculento. Outra característica chamativa é a linguagem com certo sabor arcaico, sem ferir a clareza das ideias, em sintonia com o propósito do pensador biografado.

Mais do que uma biografia, porém, Bergounioux oferece uma apologia. Escreve em tom ensaístico um elogio (com jovial erudição) ao gênio que, exercitando a dúvida hiperbólica, tinha consciência de inaugurar um método de reflexão em que o "eu" ganha protagonismo inusitado. Os antecessores medievais e renascentistas de Descartes referiam-se sempre ao passado, apoiavam-se na tradição, atitude intelectual que muitas vezes levava a certezas cômodas e a uma falsa segurança. Era a hora da ousadia (século XVII) e, como um revolucionário das ideias, quis, sozinho, começar tudo de novo, tudo do zero, raciocinando com equidade e precisão.

Descartes, no entanto, não estava totalmente imune às influências que pretendia superar. Embora fosse um espírito extremamente crítico, e de certa forma um rebelde, encontrava-se mergulhado na atmosfera cultural e intelectual do seu tempo. Um olhar nosso, não menos crítico, poderá detectar em suas percepções, que ele considerava originais, semelhanças com afirmações de outros autores que lhe foram apresentados pelos livros (preservados pelos medievais e difundidos pelos renascentistas) na escola jesuíta que frequentou. E, além disso, não poderia ele colocar absolutamente tudo em dúvida, como, por exemplo, o significado das palavras de seus textos que, para serem entendidas, requeriam o consenso geral e o apego aos costumes linguísticos.

Para citar um único estudo, já clássico, a respeito do inevitável parentesco filosófico de Descartes com autores do passado, vale a pena mencionar a pesquisa de Étienne Gilson sobre as concepções platônico-agostinianas presentes no modo de pensar cartesiano. Procurando sair da esfera aristotélico-tomista, Descartes acabou pendendo para uma tradição paralela, com a qual tinha mais afinidade e que o inspirava subterraneamente.

Por outro lado, como não existe unanimidade na filosofia nem alguém que detenha a última palavra, este elogio a Descartes, por respeito ao próprio rigor científico que ele empregava em suas meditações, precisa ser temperado com outras visões e critérios.

O ponto mais forte e ao mesmo tempo o mais frágil do sistema cartesiano é a sua frase (uma das mais citadas na história da filosofia) "penso, logo existo". Forte o suficiente para servir de base objetiva para seu pensamento, pode ser questionada justamente por não ser objetiva o bastante. Psicologicamente falando, é perfeita, mas perfeita para o sujeito René Descartes, e não necessariamente para outros "eus". A menos que cada pessoa reproduzisse o percurso biográfico de Descartes, o que é obviamente impossível. Logo, a filosofia cartesiana, que nasceu da inquietação e dos questionamentos de um indivíduo, corre o risco de se tornar a solução isolada, feita à medida apenas desse único sujeito.

Com quase três séculos de distância, Nietzsche releu com argúcia a afirmação "eu penso", o *cogito*, denunciando problemas insolúveis como a suposição de que o "eu" é a causa do pensamento e de que, afinal, sabemos exatamente o que é um "eu". Se, de modo geral, a filosofia alemã é mais profunda do que a francesa (a propósito, Bergounioux faz considerações interessantes sobre a divisão de tarefas intelectuais e artísticas entre os povos europeus), faz sentido que Nietzsche, mesmo reconhecendo os méritos de Descartes como defensor da autoridade exclusiva da razão, considere-o, na verdade, um pensador superficial.

Outra fragilidade da famosa frase se revela quando a confrontamos com a realidade mais básica. De fato, não se pode pensar antes de existir. Estar vivo é pressuposto concreto para que o pensamento se dê. A fenomenologia, por exemplo, não considera o "eu penso" como a primeira verdade. Divergindo do ponto de vista de Descartes, poderíamos afirmar que "eu sou meu corpo" (esta, sim, uma realidade autoevidente), e a partir desse dado crucial surgirá o "eu penso".

Todas as ressalvas e objeções que façamos não desmerecem, no entanto, a contribuição fundamental de Descartes à epopeia do pensamento humano. Descartes é original e importante pelo esforço de renovação que realizou, pela coragem de criar um projeto de autoeducação e a esse projeto ter sido fiel de modo exemplar. Que algumas descobertas suas já tivessem sido sustentadas por outros não era algo que o preocupasse em demasia. Que outros filósofos, admiradores seus como Spinoza, Pascal ou Leibniz, viessem a colocar em dúvida proposições suas, isso é algo que ele próprio faria, se no lugar deles estivesse.

O que Descartes desejava ardente e sinceramente, e nisso reside a essência de sua contribuição modelar, era ser convencido por sua própria razão. Essa sinceridade e o empenho em realizar um trabalho com o máximo rigor conferem à sua obra relevância inegável. Para entendermos melhor o que faz de Descartes um pensador insubstituível, convido você a ler esta pequena joia ensaística com que Bergounioux nos presenteia.

GABRIEL PERISSÉ

Societeit
MINERVA
Collegie Zaal
Catharina Gasthuis
Stads Apotheek

GEHOOR- of CONCERT ZAAL
Waalsche Kerk

Straat

Gemeenlands Huis van Rijnland

Korte Dief Steeg

Hotel le Lion d'Or

Societeit AMICITIA

Lange Dief Steeg

Gracht

Michiels Hofje

Raamland Steeg

Korte Pieters Koor Steeg

Doopsgezinde Kerk

Bogt v. Guinea

Lange Pieters Koor Steeg

IJ
St PIETERS KERK

Pieterskerk Hof

Waalsch Weeshuis

Beks Hofje

K

Toren Steeg

Nieuwe

Stads Bank van Leening

DE

St. Jans-Brug

o de Kraan

Hoog Straat

Visch Brug

BURGT

Zee-Visch Markt

Fontein

W

Tonnen Markt

Lange Korenbrugsteeg

STADHUIS

Warmoes Markt

Vleesch Hal

Schutters Hoofdwacht

Koren Beurs en Brug

Korte Korenbeurs St.

Dwars Korenbrug steeg

4

Boter

Nobel

Steeg

Hoornhamersteeg

Ketelboeter

R. Cath. S. Peters

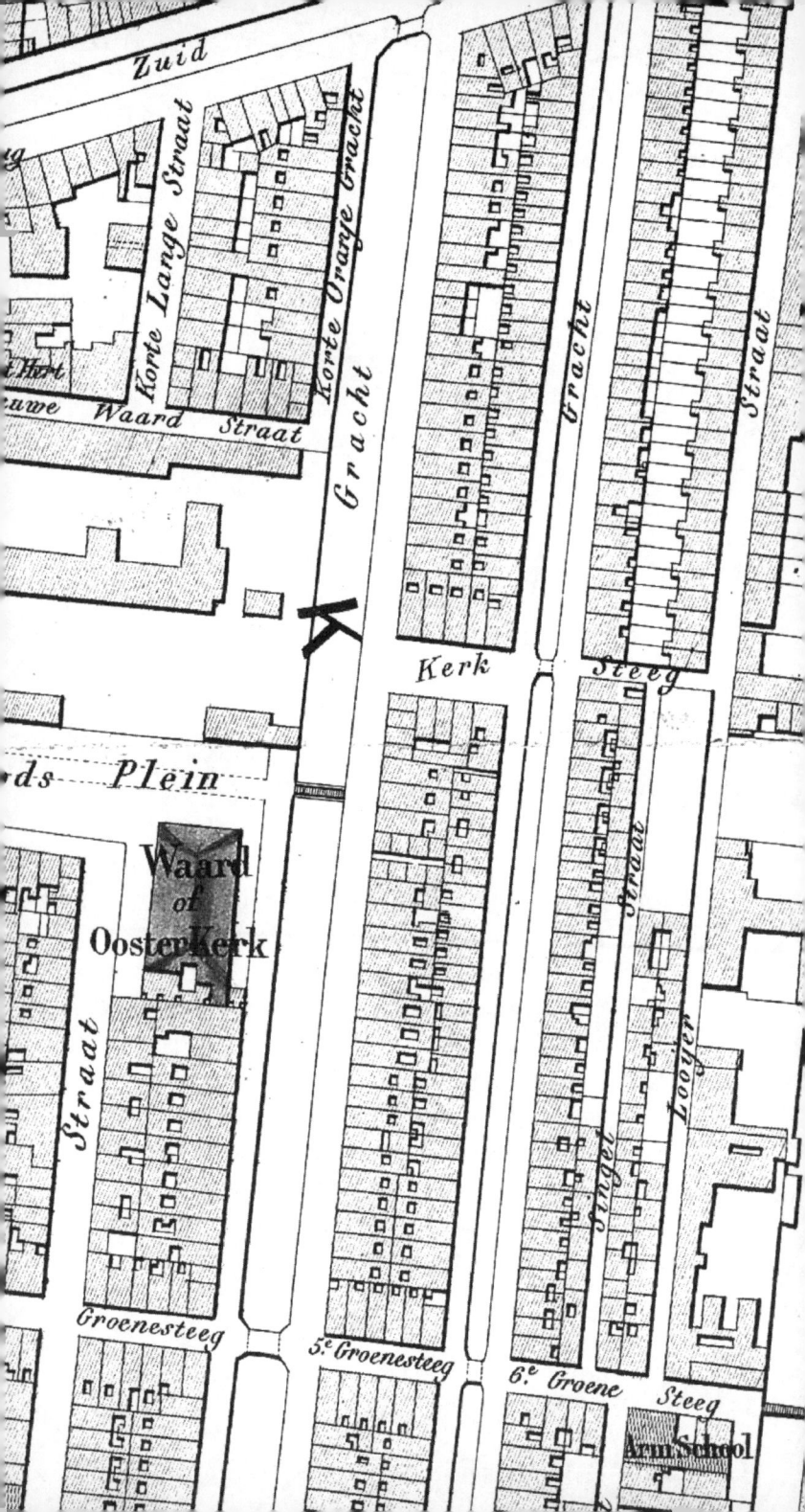

A Holanda só assumiu um caráter de realidade palpável, efetiva, ao estabelecer relações regulares com outros países, em tempos recentes, com a aprovação das principais instituições europeias. Antes disso, flutuava no segundo plano nebuloso em que, durante muito tempo, permanecem as regiões não limítrofes. Os países, os povos que conhecemos melhor são aqueles que nos afetam diretamente, aqueles cuja influência, ambições e poder foram, durante dois milênios, uma contínua ameaça, uma incitação permanente a nos fazer pensar e agir.

Não há outra explicação para o nervosismo do temperamento nacional. As posições medianas impedem o repouso, a tranquila perseverança em si mesmo, a certeza da privacidade. A situação do país, entre o norte e o sul, entre os Alpes e o Atlântico, deixou-o exposto, desde o início dos tempos históricos, na Europa, ao olhar ganancioso de todos os seus vizinhos. Desde então, a única coisa que a Holanda fez foi tentar salvaguardar algo de si mesma. E por ter fracassado nesse intento, refugiou-se no universalismo abstrato, nessa ficção que ela se esforça em apresentar ao gênero humano e a si própria como se fosse uma realidade.

A história lhe vem de fora, do sul da Europa, como acontecimento e memória escrita. Vem do Mediterrâneo, lugar no qual se desenvolveu a antiga civilização, ou seja, a cidade litorânea e a escrita como sua principal invenção. Às vésperas da era cristã, a Gália cabeluda dorme ainda de olhos entreabertos, na penumbra crepuscular de seus bosques. Os homens de grandes corpos brancos – a palavra "gaulês" viria de *galata*, "leite" –, "faladores extraordinários", segundo Michelet, cuidam das clareiras das florestas, em cujas árvores penduram corpos humanos estraçalhados para agradar ao deus Esus. Outras divindades, Teutates, Taranis, manifestam alguma preferência, aquela pelos afogados, e a outra pelas vítimas queimadas dentro de um manequim de vime. Os druidas partilham seu ensinamento oralmente, e, como jamais foi escrito, nada se sabe a respeito.

Roma, que já havia conquistado a bacia mediterrânea, dirige agora seu olhar para as regiões do interior. O fundamento econômico da Antiguidade é a escravidão. Os poderosos detêm a força de trabalho. Para obter escravos é preciso lançar-se à guerra. Por viverem amontoados em barracões, sem mulheres e, portanto, sem filhos, eles se extinguem sem deixar descendência. Além disso, como os maus-tratos que sofrem lhes encurtam o tempo de vida, é preciso ir sempre mais e mais longe para repô-los. Nessa época, a legião romana é a mais poderosa máquina guerreira de toda a terra. Ela venceu Cartago e seus elefantes, as belicosas cidades do Peloponeso, o exército do faraó. Os patrícios romanos fornecem os capitães que conduzem os infatigáveis camponeses do Lácio, organizados em coortes, para a conquista do mundo.

Por volta do ano 60 a.C., um rebento da *gens* Júlia, devorado pela ambição, julga que nada seria melhor para os seus planos do que anexar a Gália. Aos seus excepcionais talentos, acrescenta o do fingimento. Cria um personagem de fachada, artista e desregrado, poeta e gramático, inconsequente. Engana a todos, menos a Sula, o tirano, que o envia para o exílio na Ásia, com 20 anos de idade. César retorna após a morte de Sula. Deslumbra a plebe à força de liberalidades, torna-se questor, edil curul, sumo pontífice, recorre à proteção do Senado após o fracasso da conjuração de Catilina, alia-se secretamente a Crasso e Pompeu. Ainda mais secretamente, procura desqualificar este último perante o povo. Enquanto Pompeu combate na Espanha e Crasso luta contra os partos, próximo à Pérsia, onde morrerá, César torna-se procônsul da Gália cisalpina e da Gália narbonense. Corre o ano de 58 a.C., que dá início ao agitado período que somente se concluirá, dois mil anos mais tarde, com a libertação de Paris.

Não se sabe quase nada da Gália daqueles tempos. Povoada por noventa tribos, divididas por brigas constantes. Poucas cidades, e de medíocre importância, sem conforto, mas por toda parte, nas alturas, fortificações para se protegerem das incursões episódicas dos germanos. A última, em 62 a.C., liderada por Ariovisto, rei dos suevos, que atendeu ao pedido de ajuda dos séquanos contra os éduos, seus vizinhos. César não perde tempo. Desde sua chegada, presta auxílio interesseiro aos éduos, cujo território os helvécios queriam atravessar, a caminho do oceano. Manda Ariovisto de volta para casa, na Germânia. No ano seguinte, vai ao encontro dos belgas, às margens do Sambre, pois é nesse movimento em curva, em direção ao norte do país, que ele empreende a conquista. As coisas começam bastante mal. Os gauleses – nérvios, atrébates e viromandos – esperam o exército romano montar acampamento numa das margens do rio Sambre para caírem sobre ele, escondidos sob as árvores na outra margem. "César – escreve César – tinha de fazer tudo de uma só vez: desfraldar o estandarte de combate, tocar a trombeta, reunir os soldados que estavam trabalhando, mandar que fossem procurados os que se distanciaram em busca de material para as trincheiras, dispor o exército em batalha, exortar os soldados, dar o sinal de ataque". Nada como a concisão do latim para expandir "a brevidade do tempo" da ação. Numerosos legionários combatem sem terem podido colocar seu capacete ou retirar o escudo da capa de couro. A densidade da vegetação impede uma visão de conjunto da situação, dificultando o aproveitamento das forças em reserva no momento oportuno. Atrébates e viromandos são dominados no Sambre, degolados na água. Os nérvios, porém, liderados por Boduognato, aproveitam uma brecha à esquerda para atacar o acampamento romano, colocando em fuga seus ocupantes, serviçais, fundibulários númidas, cavaleiros que difundem por toda parte a notícia de que a batalha está perdida. César ordena que a décima legião contra-ataque e, a seguir, se dirija para o flanco direito onde a décima segunda, cercada por todos os lados, encontra-se numa difícil posição. Os centuriões e o porta-estandarte da quarta coorte estão mortos, são muitas baixas e feridos nas outras, e não há reforços a esperar. César, com a decisão que seu próprio nome indica, apossa-se de um escudo, avança até a primeira linha e começa a chamar os centuriões sobreviventes pelo nome, um a um. Que eles alarguem as fileiras para que os soldados possam usar de suas espadas com mais liberdade. Sob o olhar do general em chefe, cada um se esforça para dar o melhor de si. César manda a sétima legião, também cercada, aproximar-se da décima segunda, e ela o faz. A décima, que já havia libertado o acampamento, junta-se a elas. Os gauleses sucumbem em massa. Os últimos sobem sobre os cadáveres de seus companheiros para, do alto daqueles montículos humanos, lançarem seu dardo antes de caírem também. Na noite seguinte à batalha, restam apenas três dos seiscentos senadores gauleses e somente quinhentos homens armados dos anteriores seis mil. A baixa estatura dos romanos já não é, para seus arrogantes adversários, motivo de sarcasmo.

Serão necessários sete anos, e não seis como às vezes se afirma, para concluir a conquista. Vercingetórix capitula em 52 a.C., em Alésia. No ano seguinte, lemovices e carduques se entrincheiram nas alturas do Uxellodunum – em Puy d'Issolud, hoje ao sul de Brive –, mas são rapidamente obrigados a se render depois que os romanos, especialistas em escavação, cortaram a fonte de água dos inimigos. Em toda a sua carreira, será essa a única vez em que César mandará decepar a mão direita dos vencidos, em lugar de enviá-los como escravos para a Itália. O maneta dará testemunho, sem dizer uma palavra, de que nada detém a vontade de Roma.

W E,

Utrechtsch R.Cath

Kabinet van Landbouw

Nieuwe

K

Pape ... Poort

Spit Steeg Korte Spit Steeg

Botere Straat

Kraaijers Brug Nieuw

Bethlehems Hofje

Kraaijer Straat

2 Straat

Gort

De

Haver

As necessidades da civilização escravagista explicam a propagação da escrita na Gália e, portanto, sua entrada na história, com a adoção do direito romano, a aclimatação da vinha, a destruição das raízes célticas que historiadores como Ferdinand Lot e Camille Jullian deploravam.

Sobre os quatro séculos posteriores sabe-se muito pouco. A paz romana subsiste apesar da contínua ameaça das tribos germânicas, as incursões profundas dos alamanos e francos desde o século III. A língua gaulesa entra em declínio silenciosamente e o cristianismo expulsa os velhos deuses sanguinários. As coisas assumem um nome latino. Somente cerca de cinquenta conservaram sua designação primitiva. Com apenas duas exceções, são plantas inúteis, animais desprezáveis, travessias ruins e tristes materiais – caminho, lama, entulho, urze e giesta, cotovia – aos quais se opõem a rota (*rupta*), o trigo (*blé*, em francês, do latim *blavum*), o boi (*bos*). Quanto às exceções, são dois vocábulos primitivos emparelhados com algo digno de um mínimo de consideração: "carvalho", em razão do culto que envolvia esta árvore, e "tonel", que dele é derivado, digamos assim, pois os gauleses conservavam o vinho em tonéis de madeira, e não, como os romanos, em ânforas de barro. Tenacidade do verbo, fragilidade dos materiais mais tenazes. Enquanto o latim, pouquíssimo alterado ao longo de dois milênios, se reconhece sob todas as palavras (ou quase todas) do francês, apenas alguns vestígios, de termas e teatros, de arenas e pontes, fragmentos de via pública atestam, de modo confuso, a influência original, determinante, do sul sobre a Gália subjugada.

Quando Roma, sobrecarregada pelo peso do Império, incapaz de avançar suas fronteiras, imobiliza-se atrás das paliçadas do *limes*, é porque sua morte está consumada. Viveu da escravidão e, portanto, da conquista. Quando esta, sob Adriano, perde o fôlego e chega ao fim, os barracões de escravos se esvaziam. A cidade morre. Os patrícios, antes mesmo das grandes invasões, retiram-se para seus domínios do campo. Teve início a longa fase de ruralização chamada Idade Média.

No ano 406, os povos germânicos concentrados nos bosques do outro lado do Reno atravessam a linha fortificada, erigida nos limites setentrionais do Império. Ausônio e Sidônio Apolinário contam, de longe, trêmulos de medo, como os cavaleiros bárbaros invadiram Auvergne e Aquitânia, os massacres e os saques, as igrejas do cristianismo nascente incendiadas, a fumaça se elevando junto com os gritos de quem se refugiara ali dentro. A polaridade se inverte. À preponderância latina sucede agora a do norte. Entre outras extravagâncias dos destinos históricos, a persistência do latim, em meio à tormenta, é digna de nota. Os reis francos, até o ano mil, continuarão usando o seu idioma gótico antes de aprender a língua românica, a dos vencidos, que, embora composta de um latim mais ou menos puro, tomará o nome de francês. A Francia ocidental conservará sua designação: é a França de hoje. Já a Francia oriental – a atual Alemanha –, desde o fim do Império carolíngio, que marca a sua separação, em 843, irá projetar sobre sua irmã gêmea uma sombra que só se dissipará em 8 de maio de 1945, entre os escombros fumegantes de Berlim. A guerra de conquista atraiu, com quatro séculos de intervalo, a infantaria romana e a cavalaria germana. Há uma diferença, porém, quanto ao efeito. Os ataques dos romanos vinham obter mão de obra para enviá-la, acorrentada, em direção ao Lácio, onde seria consumida sem dó nem piedade. Os germanos preferem escravos que não saiam do lugar. Ou melhor dizendo, toleram que essa mão de obra cultive, para uso pessoal, um quinhão de terra, o manso, tenha mulher e filhos. Nisso se diferencia, fundamentalmente, o modo de produção feudal da escravatura antiga.

Ao longo de mil anos, é do norte e do leste que sopra o vento da história. Ele trouxe o sistema feudal, com seus servos e senhores, a lei sálica que exclui as mulheres do trono, a palavra "França", transplantada da longínqua Francônia, onde corre o rio Saale, aproximadamente a terceira parte dos patronímicos. Um em cada três franceses possui um sobrenome de origem germânica e traz em sua memória, em geral sem o saber, ter cavalgado com uma tocha numa das mãos, um machado de dois gumes – a francisca gálica – na outra, através da paisagem virgiliana, devastada, calcinada, da Gália romana.

Um milênio é quanto dura uma civilização, desde o começo da história, faz cinco mil anos: Oriente Médio, Suméria e Babilônia, Tebas e Mênfis, Grécia, Roma, dinastias bárbaras, de Meroveu ao último capetíngio, guilhotinado, na praça da Concórdia, Paris, em 21 de janeiro de 1793. Dez séculos depois das grandes invasões, as nações que surgiram do desmembramento do Império romano, dos acordos ulteriores entre os herdeiros de Carlos Magno, foram dotadas de um poder central, que se exerce no interior de suas fronteiras, mas também, toda vez que há alguma oportunidade, para além delas.

Vest — *Sluis Brug* — *Kort Rapenburg* — *Plaats Rojaal* — *Noordeinds Brug* — *Bibliotheek van Thysius* — *Museum ... Kunsten* — *Room Gracht* — *Hoogeveens Hofje*

DE Boom- of Varken Markt

Museum van Oudheden

Breede — *Papen Straat* — *Korte Straat Brug* — *Overwulfde* — *Papen Gracht* — *Van Swietens H.* — *Broekhovens Hofje*

Rapenburg

MUSEUM VAN NATUURLIJKE HISTORIE

Hout Straat — *Houtstraat Brug* — *van 's*

Numa nova inversão, as tribos gaulesas, que se tornaram galo-romanas e depois francesas, reunidas sob o cetro dos Valois, voltam-se agora para a Itália, que ficara para trás, fragmentada em ducados, em principados, em florescentes cidades, também livres do estrito regime feudal, sob o cetro longínquo dos Habsburgo. As cavalgadas de Luís XII e de Francisco I na planície lombarda não atingem o resultado previsto, que era apoderar-se de Nápoles e Milão. O desastre de Pávia anula o êxito de Marignano. Mas os sobreviventes daquela aventura retornam de sua incursão deslumbrados, os olhos cheios da requintada cultura que se desenvolveu na Itália durante o tempo em que a França travava uma guerra de cem anos contra os ingleses, e suportava a peste e a fome que enviaram para o túmulo metade da população. O gosto do jovem Michel de Montaigne pelos clássicos gregos e latinos vem de seu pai, que havia lutado para os lados de Milão, bem como pelos requintes da arquitetura, dos ornamentos, da culinária, o uso do garfo, e pelos grandes artistas, pelas delicadas princesas florentinas conduzidas em charretes, Catarina de Médici, Leonardo da Vinci.

Uma poderosa cabeça germânica, Marx, citando Hegel, cuja cabeça igualmente germânica não era menos poderosa, dirá mais tarde que a história não se repete, ou, se há repetição, na primeira vez temos uma tragédia, e, na segunda, uma farsa. Parodiando as posições antagônicas desses dois pensadores, poderíamos dizer que os acontecimentos se reproduzem sob as modalidades contrárias de suas respectivas filosofias: na ordem material e depois na ordem do espírito. Roma subjuga a Gália antes de sucumbir sob os golpes dos bárbaros. Constituída em Estado soberano, a Gália, agora França, marcha como conquistadora em direção ao que foi o coração do Império no passado. Mas seu rei, seus cavaleiros, conquistados, aderem aos costumes que descobriram, mudam interiormente, inventam o Renascimento.

Isso não é tudo. Por uma dessas aproximações em que os contrários se fundem, engendrando a unidade que os transcende, o chefe da Casa da Áustria, já rei da Espanha, torna-se imperador em 1519. Assediada, ora pelo sul, ora pelo norte, pelos dois mundos, o latino e o germânico, a França encontra-se submetida agora à sua ação unificada, bilateral, extremamente ameaçadora. Está fora de questão procurar socorro de uns contra os outros, como fez Aécio, por exemplo, nos Campos Catalúnicos, quando contou com o auxílio dos visigodos e dos burgúndios para vencer Átila; ou como fez Carlos v, ao confiar a Bertrand du Guesclin as Grandes Companhias para que as conduzisse e as perdesse em

Castela-a-Nova. Uma só figura, um mesmo querer, com Carlos v, engloba os dois lados. A Flandres é espanhola. Mais do que os sangrentos encontros com a "temível infantaria da Espanha", foram os ingleses de Isabel, o ouro estéril do Novo Mundo que afrouxou o aperto dos Habsburgo.

No século clássico, o pêndulo vai, de novo, para o norte. A Alemanha, como a Inglaterra, adotou a religião reformada. Uma minoria protestante ativa constituiu-se na França, cujo nome, huguenotes, é um empréstimo do alemão *Eidgenossen*: os companheiros do juramento. O conflito entre Roma e os limites setentrionais da cristandade como sempre divide a França em duas, suscitando guerras religiosas que se interrompem com um acordo passageiro, o edito de Nantes. A situação do país impede uma orientação mais clara, seja qual for a matéria. Toda postura é imediatamente combatida pela influência do polo oposto. Seria muito simples, muito fácil permanecer fiel ao catolicismo, como aconteceu no sul da Europa. Mas a cultura clássica proveniente da Itália se opõe precisamente ao respeito pela tradição religiosa que tem em Roma seu pilar. Por que não se unir às nações cismáticas do norte? Por ser a filha primogênita da Igreja, a França traz em si, há quinze séculos, a marca profunda, indelével, do mundo latino. A romanização separou-a de suas raízes profundas, das mitologias que a Alemanha conservou intactas, escondidas sob suas florestas impenetráveis.

Talvez o absolutismo impeça que as divergências confessionais façam o país deslocar-se, divergências às quais vêm somar-se, inevitavelmente, complicações políticas, disputas territoriais. A Alemanha precisará de dois séculos para restabelecer-se. Os Bourbon, que nas lutas internas levaram vantagem sobre a cavalaria combatente, reúnem, para melhor vigiá-la, a velha nobreza turbulenta no castelo das Tulherias, e depois no palácio de Versailles. Ela precisa aprender, sob risco de morte, a refrear seu hábito inveterado de resolver divergências à queima-roupa e com sangue. Um dos primeiros editos do cardeal de Richelieu, artífice máximo da monarquia absoluta, é proibir os duelos, fazendo ver o traço distintivo de todo Estado: o "monopólio da violência física legítima". A razão raciocinante não nasce de si mesma, como numa espécie de luminosa partenogênese, no alvorecer dos Tempos Modernos. A civilização dos costumes, a generalização que se dá na aristocracia dos comportamentos ponderados, racionais, resultam da concentração do poder nas mãos da dinastia vitoriosa. A autoridade não compartilhada do rei, a curialização da nobreza, proibindo a violência anômica dos tempos anteriores, induzem a uma reforma da economia afetivo-pulsional, cujo efeito, há cinco séculos de distância, nós podemos verificar em nós, dentro de nós. Foi um inglês, Thomas Hobbes, quem primeiro descreveu a emergência do monstro estatal. Em sua obra *Leviatã*, constata que "o Estado é o pai do ócio, e o ócio é o pai da filosofia". A posição dos cortesãos depende da benevolência do rei, dispensador das prebendas, e daí as estratégias concorrentes dos outros membros da sociedade da corte na luta por prestígio e distinção social. Norbert Elias, de quem emprestamos esta análise, evoca um tipo aristocrático de racionalidade comparável à racionalidade burguesa pelo fato de subordinar o comportamento atual, as reações afetivas imediatas, a um objetivo distante. A natureza do objetivo as diferencia: finalidade econômica num caso, de poder no outro.

A esses dois interesses maiores acrescenta-se, às vezes, um terceiro, mais impreciso, que não se refere nem à riqueza nem ao poder, mas às coisas do espírito. Impossível a formação do Estado, o crescimento das cidades e a prosperidade não terem produzido nenhum efeito sobre a consciência dos homens desta época, de alguns deles pelo menos. A imperfeição dos meios materiais destina a maioria ao trabalho produtivo, que assegura, mal ou bem, sua subsistência e as despesas suntuosas da nobreza. Esta encontra-se unicamente envolvida na luta constante pelo aumento de poder. Há, porém, em suas bordas, indivíduos suficientemente abastados, que não necessitam das retribuições devidas aos ofícios e aos cargos, e ao mesmo tempo carecem dos títulos de nobreza que permitiriam usufruir de vantagens significativas na sociedade da corte. Estes encontram-se abertos, sensíveis ao interesse impreciso, vertiginoso, do saber.

Um falcão perigordiano, Michel Eyquem, senhor de Montaigne, por exemplo, apercebe-se, em sua província, de que tudo pode inspirar-lhe mil reflexões: os distúrbios causados pelas guerras religiosas, em que se viu envolvido, a gestão de assuntos públicos, dos quais se encarregou quando foi prefeito de Bordeaux, os atos notáveis, os pensamentos deslumbrantes que encontra nas páginas de antigos autores, cuja circulação a imprensa multiplicou. Mas também seus próprios gostos e hábitos mais privados, à mesa, na cama, no convívio com seus empregados e com os que habitam suas terras, com os senhores vizinhos, em seu encontro com os primeiros canibais jamais vistos antes, três tupis-guaranis que desembarcaram, transidos de frio, atônitos, em Le Havre. Dirigiu-lhes perguntas veementes, admitindo, sem qualquer preconceito, que a sua coragem os iguala aos romanos de outrora, e que o igualitarismo que praticam torna evidente, e de súbito embaraçoso, como na França se aceita comodamente a disparidade das condições de vida.

Aos séculos de lentidão sucedem-se agora dias em que tudo se precipita. Áreas até então separadas, homens que se ignoravam mutuamente e cada um a si mesmo, encontram-se. Lugares separados, domínios relativamente independentes da vida social, continentes entram em contato. A história se acelera. A pequena nobreza da Aquitânia, simultaneamente à burguesia inglesa, constata o impacto íntimo do homem biologicamente individualizado, o despertar do eu. Shakespeare, com a elevada imparcialidade do gênio, atribui as mais altas manifestações, a inquietude, as aflições, e também as fulgurações, aos membros da casta reinante ou senhorial,

Ricardo III, Hamlet, as poderosas famílias de Verona, Montecchio e Capuleto, refratários à autoridade principesca de Escalus, ao confisco da coerção física legítima pelo poder público, o sinistro e assombroso Macbeth. É da boca de seus personagens que parte a expressão aproximada, brilhante, da condição humana quando a Europa do Renascimento assume seu destino, e o do mundo inteiro: "A vida é uma sombra que passa". "O mundo inteiro não passa de um palco". "Todos os nossos ontens têm iluminado aos loucos o caminho da morte poeirenta".

Nada mais está a salvo daqueles audaciosos que levantam âncora em direção às praias do Novo Mundo, sondam a abóbada celeste, a intimidade sangrenta, espantosa do corpo humano. Eles colocam todas as coisas diante da alternativa de enunciarem sua razão suficiente ou deixarem de ser. Um espanhol, que perdeu um dos braços em Lepanto, mostra, por contraste, a difusão generalizada do racionalismo. Os infortúnios de Dom Quixote, fiel aos adágios da cavalaria feudal, anunciam o desencantamento do mundo, a primazia do bom senso que fornecerá a Descartes, vinte anos depois do desaparecimento de Cervantes, o *incipit* de seu *Discurso*. As relações internas da nobreza da corte, que a burguesia respeita por uma questão de praticidade, geram uma nova atitude, desapaixonada, calculista, que pode se distanciar das oportunidades de prestígio ou de benefício, das quais ela é o efeito induzido, para se aplicar a outros objetos, a si mesma.

Alkemadesche Brug　　　Oude

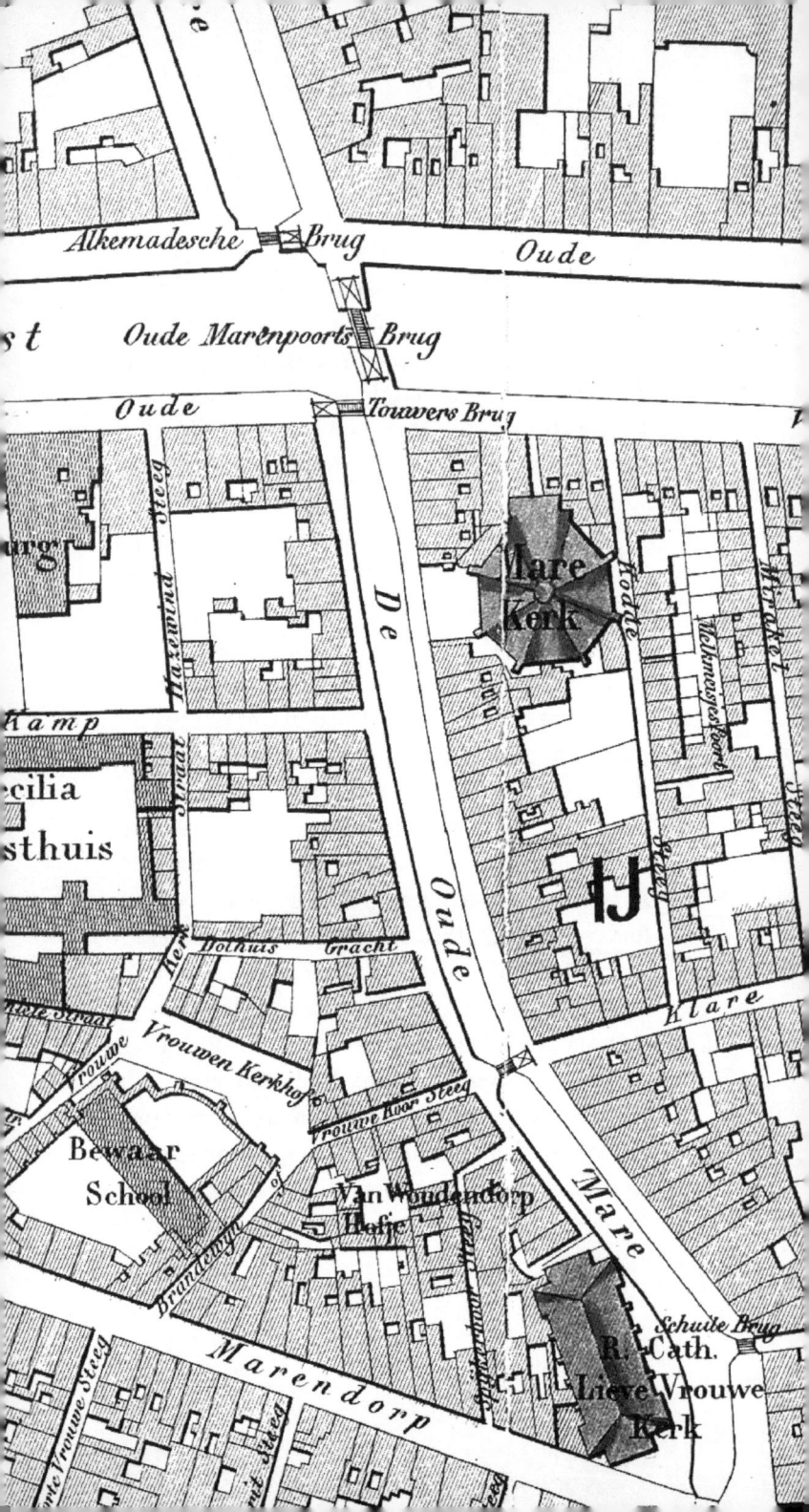

Oude Marenpoorts Brug

Oude　　　Touwers Brug

Hazemind Steeg

De Oude

Mare Kerk

Koorte

Mirakel Steeg

Weltmeijsterkoort

cilia sthuis

Kerk Straat

Hothuis Gracht

Klare

Vrouwe Vrouwen Kerkhof

Bewaar School

Vrouwe Koor Steeg

Van Woudendorp Hofje

Mare

Brandewyg

Schuile Brug

R. Cath. Lieve Vrouwe Kerk

Marendorp

Não tem a menor importância, em última análise, que seja este ou aquele homem quem realize a tarefa de seu tempo. Chegada a hora, vários estão suscetíveis a cumprir aquela missão. O acaso oferecerá as circunstâncias mais particularmente favoráveis para que um dentre todos se destaque. Se ele se desviar ou perecer, um terceiro retomará a tocha. O sociólogo Auguste Comte sonhava com uma história sem nomes próprios. Mas nós nos habituamos, desde o momento em que o indivíduo entrou em cena, com a Era Moderna, a justamente privilegiar a iniciativa pessoal, o rosto e o nome que assumem a ação e a reflexão coletivas. No limiar do século XVII, existem alguns, na Europa, e, portanto, no mundo, que lançam sobre todas as coisas um olhar diferente, penetrante. E esses homens, inevitavelmente, provieram das três maiores potências da época, França, Inglaterra e a Espanha de Filipe II, à qual se incluem, neste momento, as províncias holandesas integradas por Carlos V no Círculo da Borgonha por ocasião do Ínterim de Augsburgo, em 1548.

A razão teria podido apresentar suas credenciais em inglês ou em holandês. Em inglês, sob a pluma de Francis Bacon, Lorde Verulam, nascido em Londres em 1561, que foi ministro da Justiça, *lord chancellor*, e sustentava que o princípio de todo conhecimento residia na pesquisa experimental das causas naturais dos fatos. Personagem tão brilhante quanto desprovido de escrúpulos, atribuíram-lhe a paternidade secreta das peças de Shakespeare. Foi destituído dos seus cargos quando condenado por atos de corrupção, e sua grande obra, a *Instauratio magna*, fica inacabada. Morreu seis anos antes do nascimento, em Amsterdã, em território espanhol, de Baruch Spinoza. Bacon chegou um tanto cedo demais. Talvez também tenha se dedicado exageradamente às questões mundanas, à alta política, às posses terrenas. O universo do espírito, seus objetos imateriais, embora muito reais, exigem tempo integral de quem pretende inventariá-los, a exclusividade de suas atenções.

Já Spinoza polia lentes numa oficina. A relativa despreocupação e a monotonia do trabalho lhe davam a liberdade necessária para tentar se elevar do conhecimento imperfeito à ideia verdadeira. Era uma atividade que lhe proporcionava também a independência financeira e a tranquilidade sem as quais não poderia conduzir seus pensamentos como bem entendesse. Nunca abandonou o seu país. Simplesmente refugiou-se em Leyde durante um tempo, para escapar às inimizades, aos gestos desesperados que suas primeiras publicações haviam provocado. Um fanático da sinagoga o apunhalou porque ele havia afirmado que o entendimento de Deus e o do homem têm a mesma essência, e, portanto, nada impediria que este se tornasse, um dia, coextensivo àquele. Enquanto seus compatriotas fundam Manhattan, colonizam a África austral, singram o mar de Java, Spinoza permanece inclinado sobre sua mesa de trabalho. Mas ele é de origem judaica. Sua família, oriunda de Portugal, precisou fugir em direção ao norte para escapar da Inquisição. Ele não parou de correr o mundo em suas vidas anteriores, e, sem dúvida, é repousante ter encontrado, enfim, um lugar para estabelecer-se. Qualquer um percebe o quanto seu monismo – *Deus sive Natura* – deve ao poderoso racionalismo dialético do judaísmo. Como os nobres da corte, como os ricos burgueses, possui elevado nível de autocontrole. "Nem rir, nem chorar, mas compreender", escreverá. Como Hobbes, como Locke, tem plena consciência da importância do Estado. "Suprimido o Estado, nada de bom pode subsistir, não há mais segurança em parte alguma, reinando apenas a cólera e a impiedade em meio ao temor geral". E uma vez que o Estado-nação, na Europa, é o enquadramento que proporciona proteção e tranquilidade a cada qual, acrescenta Spinoza: "A piedade para com a pátria é a mais elevada que alguém possa exercer". Não há a menor necessidade de sair das Províncias Unidas. Elas oferecem a seus habitantes o que nenhum outro país pode ou quer lhes conceder, e é disso que vamos falar. Antes, porém, é preciso dedicar algumas palavras ao acaso do nosso nascimento.

Bacon, dissemos há pouco, chegou cedo demais. Spinoza, tarde demais.

Por muito pouco, ainda criança, numa rua de Leyde, ele quase cruzou o caminho de um estrangeiro de traços angulosos, tez morena, vestido de preto da cabeça aos pés, retrato que Frans Hals pintou no intervalo entre dois quadros com cenas de banquetes transbordantes de brocados, guipura, estandartes, comensais gordos de faces congestionadas, copos e comida abundante. O estrangeiro vai em direção à casa do editor Jean Maire para lhe confiar um manuscrito, concluído faz algum tempo, mas que as recentes divergências entre Galileu e a Santa Sé o haviam dissuadido de imprimir. Alguns amigos sabem que ele descobriu as regras, pouco numerosas, de uma ciência infalível que lhe foi revelada em sonhos, cerca de 20 anos antes, na Alemanha, onde lutava. Encorajam-no a divulgá-las. Não sabemos quanto tempo durou a hesitação daquele transeunte de feições enérgicas, sombrio cenho. Mas agora sua decisão está tomada. Ele está convicto do que pensa, com a determinação de quem chegou a esse ponto depois de muito refletir, e não mais por força do costume ou do destino, e não se trata somente dos seus atos, mas do seu próprio ser, de sua essencial identidade, de sua realidade nua, de sua verdade. É nesse momento que podem ter cruzado seu caminho um artesão judeu que veio de Amsterdã para fazer negócios, carregando amostras de vidro numa caixa acolchoada, e seu filho ainda pequeno, Baruch, que o acompanha pela primeira vez. Podemos imaginar.

Dois homens que partilhavam as mesmas opiniões, a mesma inquietação, que eram irmãos na ordem soberana da enunciação, passaram um ao lado do outro sem saber o quanto estavam próximos. Algo semelhante com Proust e Joyce, em vida, durante uma noite, no Hotel Ritz, em Paris, por volta de 1920. Ou ainda com Shakespeare e Cervantes, que morreram exatamente no mesmo dia, em abril de 1616 – mas é a nós, leitores, que cabe fazer essas aproximações. O rapazote, cujo primeiro trabalho chamar-se-á *Os princípios da filosofia de Descartes*, com 25 anos de idade, ignora ter cruzado, um dia, o caminho daquele autor. Não sabe que talvez se avistou, numa rua de Leyde, com aquele que, sob o manto, segurava com força os originais do *Discurso do método*.

Naquela época, não faltam editores na França e em outras diferentes partes da Europa. É difícil compreender o motivo pelo qual um francês decidiu confiar seu manuscrito a um impressor na Holanda, e, mais ainda, por que se estabelecera nos Países Baixos durante oito anos, se a sua única ocupação consiste em pensar. Pois nada é mais indiferente a essa ocupação do que o lugar onde alguém a ela se dedica. Estamos compostos por duas substâncias heteróclitas. Uma, extensa – é o nosso corpo –, está presa a um lugar, a um determinado momento. A outra, pensante – é o nosso espírito –, pode deslizar-se por entre as barras da masmorra espaçotemporal, voltar ao passado, transportar-se para o futuro, conceber outros lugares, coisas que ainda serão, ou que deixaram de existir, ou que nunca existirão.

Nesse primeiro terço do século XVII, que vê Bacon morrer e Spinoza nascer, um exilado desperta para a possibilidade realmente inaudita de pensar todas as coisas de outro modo, pois ele próprio não se dá grande importância, considera-se apenas "uma coisa que pensa, um entendimento, uma razão". Grandezas, bens, vantagens, nada disso tem valor em comparação com o poder de harmonizar aquilo que pensamos com aquilo que acontece, de conjugar, enfim, em justas núpcias, a coisa e a ideia. Mas por que na Holanda?

Algumas décadas depois da antiga integração política, cultural, linguística da Europa, nossas formas de agir, pensar e sentir serão afetadas pelas particularidades nacionais. As entidades constituídas entre fins da Idade Média e meados do século XIX deram uma fisionomia reconhecível aos seus respectivos súditos. Num golpe de vista, em virtude de alguns traços recorrentes, é possível distinguir um inglês de um italiano, levando em conta as variações extremas do *Homo occidentalis*, um alemão de um português, um espanhol de um suíço. Cada pessoa resume, em suas limitações e breve duração de vida, a história de sua pátria, das rivalidades de poder que a colocaram contra outras nações, bem como de seus conflitos internos. Tal diversidade causou impressão tão forte em todos, que Montesquieu, no século das Luzes, concebe uma teoria dos climas, fazendo da temperatura, e, portanto, da latitude, o princípio das instituições políticas. Alguns graus a mais ou a menos provocam a apatia, e, portanto, o despotismo que, apoiando-se no temor, desmotiva a engenhosidade, solapa a moralidade, destrói as letras e as artes. Um clima ameno favorecerá a vivacidade, e, portanto, a atividade, e estimulará o sentido da honra, que dá sustentação às monarquias. Com relação à república, que morre sem a virtude, Montesquieu não a considera viável em países de grandes dimensões. Parece-lhe algo que combinaria melhor com as cidades da Antiguidade, com o passado. Naquele momento, pensa ele, a república é uma utopia, que lhe inspira a fábula dos trogloditas, contada com leveza, quase à margem do seu livro *O espírito das leis*. Como descobriria ele o principal impulso propulsor dos acontecimentos, que constituem a própria história? O primado da economia, a ação determinante das forças produtivas não veio ainda à luz. São elas que comandam secretamente, à sombra milenar, as relações sociais cujas variações e permanências Montesquieu observa, atribuindo-as à contração ou à expansão das fibras corporais.

Os povos europeus ostentam, desde o século XVII, fisionomias bem demarcadas que os conflitos religiosos, as rivalidades coloniais e o despertar do sentimento nacional irão reforçar. Acrescente-se a isso a influência difusa, mas real, das paisagens e as primeiras impressões que delas se recebem. Descartes dirá, numa carta, quanto prazer sentia ao contemplar as margens do rio Creuse, os doces confins da Touraine e do Poitou, onde passou sua primeira infância. Nada aparentemente o impede, depois de oito anos de internato, com os jesuítas, no colégio de La Flèche, de retornar à cidade natal de La Haye – cidade que hoje se chama Descartes, no departamento de Indre-et-Loire –, onde possui alguns bens, herança de sua mãe. Com 16 anos, tem já alguns hábitos arraigados como, por exemplo, passar a manhã toda na cama, acordado, pois tem uma saúde frágil e pensa muito melhor ali deitado. O padre Charlet, reitor do colégio, de quem é mais ou menos aparentado, e o padre Dinet logo souberam avaliar o pequeno estudante. Quando, ainda bem cedo, atravessando os frios corredores, os alunos se encaminhavam para a capela, onde assistiriam à missa, dirigindo-se depois, uns para a aula de matemática, outros para as de latim ou retórica, Descartes continuava na cama, a mente ocupada com as "doçuras" da poesia, pela qual é apaixonado, embora ele mesmo componha versos muito ruins, ou com temas obscuros que seus professores, cheios de boa vontade, tentavam explicar, mas não conseguiam esclarecer a contento.

Já no final do curso, um tutor atolado numa demonstração matemática pede que o encontrem. A classe permanece estática, expectante. O padre, um sulco vertical entre as sobrancelhas, caminha de um lado para o outro, girando a palmatória distraidamente. O silêncio é especial, religioso, ligeiramente fúnebre, típico de um colégio da nascente idade clássica. Transcorridos alguns instantes, um duplo barulho de passos ressoa no fundo das galerias sonoras, aproxima-se. Descartes atravessa a porta, seguido pelo emissário. É fácil imaginar a cena. O museu de Toulouse abriga um retrato seu, em que aparenta ter uns 18 anos de idade.

Ele cumprimenta o tutor, que depõe a palmatória sobre a mesa e lhe apresenta brevemente o problema, até chegar ao ponto em que se deu o impasse. Descartes, com as mãos para trás ou de braços cruzados, com o semblante aberto tal como o vemos naquela pintura, ouve a exposição, faz algumas perguntas sobre a definição dos nomes, sobre verdades conhecidas "acerca das quais é preciso estar de acordo" – reproduzo aqui o que se lê na biografia escrita por Adrien Baillet –, pensa um pouco, os olhos baixos, ergue-os de novo e dá a solução, acompanhada da fórmula tradicional: "*Quod erat demonstrandum, pater optime*".

Ele poderia também fixar-se em Rennes, onde seu pai se estabeleceu e casou-se novamente – a mãe de Descartes morreu pouco depois de seu nascimento, de uma tuberculose brutalmente agravada, ao que parece, pelos desconfortos e indisposições da gravidez. No outono de 1612, portanto, ao sair do colégio de La Flèche, o rapaz translada-se para a Bretanha. Ali passa o inverno montando a cavalo e exercitando-se no manejo da espada, compõe um pequeno tratado sobre esgrima, que se perdeu, como outros manuscritos. Seu pai o destina ao serviço do rei, no exército. Mas como é ainda muito jovem, sempre com a saúde frágil, é enviado a Paris, acompanhado por um camareiro. Ali passeia, descobre e frequenta, assiduamente, os círculos de jogo, conhece o matemático Claude Mydorge, reencontra seu antigo condiscípulo Marin Mersenne, que logo o deixa para ir ensinar filosofia no convento dos franciscanos de Nevers. Descartes volta a sentir o gosto pelo estudo. Com humor instável, como costuma acontecer nessa idade, dedica-se a esse projeto com tanta determinação que se muda sem avisar a ninguém. Encontra um local para morar nas vizinhanças da antiga igreja de Saint-Germain-des-Prés. Sai à rua apenas tarde da noite, escolhendo caminhos em que seja impossível deparar com algum conhecido. É encontrado, porém, por um dos seus amigos, que não o deixa em paz até descobrir sua nova morada. Convidam-no a jantar, apresentam-lhe damas. Mas Descartes está absorto em seus pensamentos, insatisfeito com os estudos que fizera no colégio jesuíta. Há uma rápida alusão a isso no *Discurso*, quando lamenta que, não atuando guiados pela razão desde o momento mesmo em que nascemos, somos inicialmente governados "por nossos apetites e nossos preceptores, frequentemente contrários entre si, e nem sempre estes e aqueles nos aconselham o melhor". Com 21 anos, tem consciência da própria ignorância e está decidido a desvencilhar-se dela. Outro benefício da idade, a que em geral não se faz menção, é a melhoria de sua saúde, uma mudança de compleição física que lhe permitirá suportar as fadigas da viagem e da guerra. Se não fosse por isso, teria sido arriscado partir, em maio de 1617, para os Países Baixos, e engajar-se nas tropas de Maurício de Nassau.

Os conflitos religiosos na França assumiram a forma de uma guerra civil, por causa da situação medial do país, que o converte em caixa de ressonância para a qual convergem as ondas provenientes do norte e do sul da Europa. Nos Países Baixos é diferente: o catolicismo e o princípio monárquico espanhol – os dois são uma só coisa, ou quase – colidem com o calvinismo, com as aspirações independentistas e democráticas do campesinato batavo.

Que razões poderiam arrastar um gentil-homem francês para aquelas paragens meio inundadas, monótonas e frias, heréticas e germanófonas? O motivo que lemos na primeira parte do *Discurso* – "não mais procurar ciência alguma fora daquela que poderia achar em mim próprio ou no grande livro do mundo" – explica o deslocamento, mas não o destino. Teria sido mais familiar a Itália, aonde se vai regularmente para se aprovisionar de artistas e princesas, obras de arte e textos clássicos impressos pelos Aldo, louçaria de ouro e prata, ou quando alguém se limita, como fez Montaigne, a estudar os costumes de nossos brilhantes primos latinos, as ruínas de Roma, o esplendor das cidades mercantis ou ducais, a beleza *sobrenatural*, escreverá mais tarde Stendhal, das milanesas. Alguns se arriscam, vez por outra, raramente, a atravessar o estreito de Calais ou o Reno para negociar lã ou metais, ou para escapar da perseguição. Mas os territórios que correspondem mais ou menos aos Países Baixos de hoje encontram-se atrás das regiões mais ricas, tradicionalistas, de Artois, Hainaut, que rubricaram a União de Arras em janeiro de 1579 e se alinharam sob o estandarte de Filipe II.

Terá sido "o amor verdadeiro pela guerra", que é em si mesmo um efeito do "ardor da idade", segundo ainda Baillet, o que lança Descartes a caminho do norte, onde se enfrentam as forças entre as quais oscila o destino da Europa? Um filósofo da Antiguidade, Heráclito, que procedia por meio de máximas, considera a guerra como a mãe de todas as coisas – *polemos pater panton*. Outro filósofo, que aguarda sua vez no limbo, Hegel, proporá uma fórmula semelhante, mas que engloba toda e qualquer atividade, incluindo a sua, de pensador: "Só há interesse onde há oposição".

Desejando pôr-se à prova, Descartes dirige-se para as Províncias Unidas. Uma pena ele não ter feito anotações, como fizera Montaigne por ocasião de sua viagem à Itália, a respeito das impressões que ia recolhendo pelo caminho. Jamais o sortimento europeu foi tão acentuado como nesta época em que os recém-constituídos Estados-nações colidem entre si sem se misturarem, época em que se podiam observar, quase em estado puro, os costumes que não foram aplainados, uniformizados pelas influências cruzadas, pelos intercâmbios e pela paz. Mas é ainda muito cedo para que se notem semelhantes matizes, e seu valor. Ou então, ao contrário, o traço distintivo da história ocidental, sua cor nacional, apaga os particularismos, uniformiza os usos e costumes. A comunidade de crenças, de finalidades das populações europeias é já tão manifesta aos olhos de todos, que um francês de 1620 não acredita dever prestar grande atenção às disparidades que nos encheriam de espanto.

Descartes encaminha-se para o norte. Tenciona visitar a Dinamarca e, mais tarde, a Hungria para estudar "os homens em sua realidade". Em Breda, alista-se no exército de Maurício de Nassau.

A causa a que irá servir lhe é indiferente, o dinheiro que recebe por este engajamento, supérfluo. Sua fortuna faz dele um homem independente. Só cobrou o soldo uma vez, ao recrutar-se, e guardará como recordação os dois florins de ouro que então recebeu. Certo dia, deambulando pelas ruas, repara num aglomerado de pessoas diante de um cartaz escrito em flamengo. Volta-se para a pessoa mais próxima e lhe pede que diga, em latim ou francês, sobre o que se trata. Trata-se de um problema matemático, que seu interlocutor traduz em latim antes de lhe perguntar pela solução, se é que teria condições de encontrá-la. Quem conversa com ele é Isaac Beeckman, diretor do colégio de Dordrecht. No dia seguinte, Descartes bate à sua porta e lhe apresenta a explicação. Os dois irão se ver todos os dias, ou quase, ao longo do ano seguinte. O francês – escreverá numa carta – considera Beeckman como um pai, embora seja de apenas oito anos a diferença de idade entre eles, e Beeckman, por seu lado, julga prodigioso o talento matemático de Descartes. Como o príncipe de Orange e o marquês de Spínola estabeleceram uma trégua, reina a calma em Breda. Descartes aproveita para escrever pequenos tratados sobre música, a alma dos animais, os autômatos. Mas ele deixou a França com o intuito de ver o mundo, e não para meditar.

As chamas do conflito que se extinguem nos Países Baixos logo se reacendem na Alemanha. No início do verão de 1619, Descartes abandona Breda. Seu intento continua sendo visitar a Dinamarca.

Está passando por Frankfurt quando Fernando, rei da Boêmia, ali é coroado imperador. Assiste à cerimônia e descobre que o duque da Baviera, Maximiliano, reúne tropas contra Frederico, conde paladino. Nada mais confuso do que esses conflitos já, naquela altura, retardatários. A centralização do poder, sua culminação, está praticamente realizada na Europa ocidental. A Alemanha tardará ainda dois séculos e meio para alcançá-la. Continua sendo objeto de contestações entre dinastias rivais, secundadas pelas potências já constituídas da Espanha e da França, ao sul, da Suécia e de seu rei-soldado, Gustavo Adolfo II, ao norte. Os monarcas em exercício recrutam mercenários provenientes de todos os cantos para assegurar ou incrementar suas possessões, e o mundo está repleto de homens sem terra, de mendicantes dispostos a alugar seus braços a quem pagar melhor. Grimmelshausen descreveu suas bandidagens em *Simplicius*, Jacques Callot gravou-as em água-forte. O excedente demográfico crônico da economia do Antigo Regime lança pelos caminhos os pobres que se tornarão soldados. Um subproletariado rural sem escrúpulos, algaraviando todas as línguas, é incorporado às tropas regulares, como as companhias suíças leais ao papa ou ao rei da França. Mas circula também, em bandos inconstantes, esfarrapados, confluindo, espadeirão na cintura, mosquete no ombro, em direção às zonas de combate.

Descartes menciona, nas primeiras linhas da segunda parte do *Discurso*, seu alistamento nas tropas do duque da Baviera. Semelhante indicação não é exatamente o que se esperaria encontrar numa obra de metafísica, matéria afastada da terra, fora da vida, não se sabe bem onde. Ou melhor, sim, sabe--se muito bem: num pesado edifício em pedra lavrada, repleto de sérios personagens de barrete, no centro histórico das grandes cidades. Se as palavras possuem um sentido, é melhor tomar cuidado, ao escrever um livro, para não mencionar nada que se julgue sem importância – e a Alemanha, o inverno, a guerra encontram-se revestidos, nesse exato momento da história europeia, de um valor filosófico. Da Alemanha, o *Discurso* só retém um lugar muito pequeno, um breve momento. É o quarto no qual Descartes passa seus bocados de inverno, em fins de outubro de 1619. Como se não tivesse feito outra coisa ao longo da vida, a não ser transportar e adaptar, em vários lugares do mundo, o dormitório do colégio onde ele tanto gostava de devanear, solitário. Nenhuma palavra a respeito da localidade, do que se avista pela janela, da soldadesca atroz que o rodeia, dos frios nevoeiros continentais. Ele se limita a indicar que o cômodo está provido de um aquecedor de cerâmica, tipicamente germânico, e não de um fogo aberto, como na França, e que se encontra sozinho, "sem preocupações ou paixões que o perturbem".

Nada é mais desejável, a seus olhos, do que uma total liberdade, como o proclamará no final do *Discurso*. "Eu sempre serei mais grato àqueles que me permitam usufruir do ócio livremente do que àqueles que me ofereçam os mais honrosos empregos da terra". Contudo, seria possível estar só e tranquilo por um custo menor, não tão longe de sua pátria, de sua comunidade de costumes e do idioma. Não faltam "desertos" na França. O misantropo de Molière, Alceste, não terá dificuldade em fazer uma escolha dessas quando, após as zombarias da coquete Célimène, indignado com os hábitos da corte, e vendo seus direitos ridicularizados no tribunal, decide procurar "um lugar afastado onde, sendo homem honrado, tenha liberdade". Descartes, que se prepara para aceitar como primeiro princípio da filosofia que ele é "uma substância cuja essência reside unicamente em pensar e que, para ser, não necessita de lugar algum nem depende de nada material", prende-se ao que é mais indiferente, para não dizer ao que é menos prazeroso. Para isso ele não dá explicação alguma. Cabe a nós adivinhar suas razões, compreender que paixão o leva para um país estrangeiro, em plena guerra, quando sua única intenção é pensar, não sendo de nenhum modo importante pensar aqui ou ali. Em Paris, onde cometera o erro de criar vínculos, era importunado. Mas para ele não foi difícil sair da capital e rapidamente encontrar um perfeito isolamento.

O francês, isto é, a língua da Île-de-France, não é muito empregado para além de suas cidades. No campo, fala-se o patoá. Viajantes relatam que, até o início do século XX, era impossível se fazer compreender em certos vales do Maciço Central e em outras regiões. Há, portanto, um outro motivo. Descartes, com seus 22 anos de idade, está em busca de alguma coisa, de uma certeza. Ou é essa certeza que, ao mesmo tempo que escapa, afeta obscuramente a pessoa inteira que aspira apoderar-se dela, repercutindo, por antecipação, em seu modo de conduzir a vida. De imediato, afastou-o do convívio dos seus, da sua pátria, das facilidades, e dos perigos também, pois quando se concebe realizar determinados desígnios, perigos há, sem dúvida. Eles o confinariam aos hábitos de ser e agir, de pensar, que lhe são familiares, impedindo-o de obter a verdade de que tanto necessita. E não é só isso. Nossos próximos, nossos compatriotas não são os únicos a utilizar conosco uma linguagem envolvente, capciosa, alienante. As coisas também nos falam, sobretudo as que primeiro deixaram em nossa alma marcas profundas, as aldeotas nos vales, os pequenos bosques, as doces margens do rio Creuse. Michelet, com sua aguda sensibilidade, adivinhou: "Descartes, Kant procuravam lugares frios e cinzentos, onde a natureza expira, areias da Prússia, pântano da Holanda, com a esperança de que a verdade, menos dominada pelas seduções da natureza, se revelasse mais facilmente no coração do homem". Sim, mas Kant, nascido em Königsberg, desta cidade jamais saiu. Observou, a vida inteira, hábitos sedentários, invariáveis. Mandava seu criado Lampe acordá-lo às 4 horas e 45 minutos da madrugada e trabalhava até às 7 horas e 57 minutos da manhã. Às 7 horas e 58 minutos punha seu chapéu de três pontas. Um minuto depois, cingia a espada e, exatamente, às 8 horas, atravessava a porta da sala de aula. Seus passeios exibiam a mesma rígida regularidade. As empregadas domésticas do local, em seus afazeres na cozinha, usavam como referência de tempo o momento em que o filósofo passava, e foi por isso que, numa certa manhã de 1789, quando, impaciente por saber notícias de Paris, Kant saiu de casa mais cedo do que de costume, ao encontro da diligência que trazia as gazetas, o pão cozeu demais, os assados queimaram e em seu rastro houve cenas de briga dentro das casas.

Descartes é da região de Touraine. Cresceu sob as amáveis sombras das árvores, ouvindo águas murmurantes, degustou a poesia. Para ele, e não para Kant, a quem lhe bastava ficar onde nascera, a questão era saber que lugar facilitaria o seu desígnio de ver todas as coisas com clareza e, antes de qualquer coisa, a si mesmo. Ele não oferece essa explicação expressamente. E como poderia fazê-lo? O sentimento da natureza ainda não foi tematizado. Será preciso esperar mais um século e meio. Essa tarefa coube a um terceiro filósofo, Jean-Jacques Rousseau, cujo retrato, diga-se de passagem, estava pendurado sobre a escrivaninha de Kant, e era a única peça decorativa que este admitia em seu escritório. Mas uma inclinação não precisa explicitar-se, ser dita, escrita, para conquistar nossa alma, guiar nossos passos. Em sentido contrário a uma tradição à qual Rabelais, Du Bellay, Montaigne estavam já atrelados, Descartes não toma o caminho da Itália. Nós, franceses, nos sentimos atraídos por tudo o que há neste país: o idioma e os livros, a religião, a luminosidade, as paisagens, a cultura das ruas e dos cafés. Descartes vai na direção oposta, para o norte, a princípio, e depois, "pela ocorrência das guerras", em direção ao leste, onde é surpreendido pelo inverno alemão, bem como pela iluminação que o segue, a deslumbrante visão que parece trazer consigo o eclipse do mundo exterior. A primeira neve recobriu a planície com sua mortalha, a noite estendeu seu manto sobre a terra. Como o *Discurso*, em sua concisão, deixa a desejar! O despojamento extremo da decoração em que o sujeito racional toma consciência de si mesmo torna preciosa a menor indicação – o estrangeiro, na estação mais fria do ano, uma perfeita solidão, sem preocupações, sem paixões.

O mundo é, antes de tudo, uma extensão indefinida de si mesmo, e o si mesmo – o sujeito – é uma dobra indistinta no mundo. Por que procurar algo além das aparências se estas nos confortam no sentimento de nós mesmos, prolongam-no e o fazem crescer mediante mil impressões agradáveis, imensas, irrecusáveis? O território francês se destaca por uma amenidade que sempre atraiu os habitantes das regiões frias, chuvosas, repartidas por seu arco setentrional. Faz um século, o turismo substituiu a intrusão belicosa das tribos germânicas, a dos ingleses, que foram donos da Aquitânia em dado momento, e possuíram Calais durante dois séculos. É preciso supor que exista um encanto especial no espaço compreendido entre a Flandres e os Pireneus, o promontório bretão e a Provença, bem como uma sensibilidade que o acompanha, alcançando, no sul, uma tal veemência que se torna impossível, para alguém cuja alma tenha assumido os contornos e a cor do lugar, viver em outra parte do mundo. Ao professor polonês Willy Hellpach, da Universidade de Heidelberg, devemos uma *Geopsiquê*, em que se estuda a alma humana sob a influência das mudanças de tempo, do clima, do solo. Com uma seriedade tipicamente alemã, ele faz um inventário completo das nuances do humor em razão das variações barométricas, a dispneia, os formigamentos e distúrbios cardíacos, a insônia, a ansiedade, a vontade de agir que acompanha os dias de tempestade, e a astenia misturada à irritabilidade, a melancolia incontrolável engendrada pelos dias "pesados e frios". O que veio da Alemanha em versão científica, sistemática, converteu-se na França em transcrição imediata da vida, ou seja, em literatura.

Nos dois séculos que se passaram desde que os escritores abandonaram a antessala dos príncipes e depois os salões parisienses, não há obra literária digna desse nome que não tenha reservado um lugar importante, às vezes essencial, às variáveis e profundas sugestões do ar e da água, da terra. A filosofia, com Bachelard, não pôde evitar seu interesse a respeito. Rousseau, o primeiro, subordina em parte sua felicidade à paisagem para onde foi conduzido por suas tribulações, e os lugares em que esteve na maioria das vezes são elevados, repletos de árvores, ou são ilhas. Os grandes romancistas realistas, embora estejam inicialmente preocupados com as novas relações que se instauram entre os homens na sociedade pós-revolucionária, na cidade, não são indiferentes à cor do céu. Um rochedo proeminente, afastado, fortalece a resolução do herói. As sombras de um jardim, ao cair da noite, devolve-lhe a tranquilidade, restaura o vínculo íntimo entre a alma e o lugar físico.

Este vínculo brilha ainda nas horas douradas, precárias, da *Belle Époque*, no romance *Le Grand Meaulnes*. Seu autor, Alain-Fournier, com 27 anos de idade, logo depois de colocar o ponto final em seu livro, desapareceu, trajando o vistoso uniforme da infantaria, nos bosques próximos a Verdun, no último dia do verão, 20 de setembro de 1914. A magia de seu único e breve romance reside no poder do protagonista de girar a roda das estações. Seu primeiro gesto, ao chegar, com as aulas já iniciadas na escola rural para onde sua mãe o enviou como aluno interno, é explorar o sótão. De lá retira um foguete de artifício que falhou na festa nacional, espeta-o na areia do pátio, põe fogo à mecha que sobrara, e é o sol de 14 de julho subindo e girando contra o céu cinza, crepuscular, do primeiro domingo de inverno. Um mês mais tarde, um pouco antes das festas natalinas, ele sai da escola sem permissão, num carro emprestado à fazenda vizinha, para buscar na estação os sogros do professor. Ele se perde. O cavalo foge. Meaulnes dorme no chão de um curral deserto, caminha solitário, mancando, por uma paisagem vazia, e então descobre uma misteriosa propriedade onde, clandestinamente, encontra um canto para dormir. Ali se realiza uma estranha festa da qual ele acaba participando. Quando abre os olhos, na manhã do segundo dia, sente-se repleto de felicidade e, mais do que isso, transportado a uma paisagem de primavera; nas árvores cantam os passarinhos e, vez por outra, uma brisa morna afaga o rosto do herói.

Quando a primavera de 1620 dissipa a neve e a noite confidentes, filosóficas, o duque da Baviera ordena que suas tropas marchem em direção à Suábia. Descartes segue este movimento. Passa o verão em Ulm, onde se entrevista com um certo Jean Faulhaber, matemático e astrólogo. Em fins de setembro, parte para a Baviera, passando dali para a Áustria, até chegar aos muros de Praga, onde entra com os católicos imperiais vitoriosos. Em março de 1621, abandona o duque da Baviera para unir-se ao conde de Bucquoy. Participa dos cercos a Presburgo, Trnava e Neuhäusel, e logo depois deixa o exército. Mas não cogita regressar à França. A luta contra os huguenotes reacendeu-se. A peste castiga Paris. Vemos Descartes na Silésia, em Pomerânia, no margraviato de Brandeburgo, com a idade de 25 anos, indeciso sobre o que fazer da vida, sobre o lugar a que deve dirigir-se.

A certeza de uma existência inteiramente devotada ao conhecimento é algo que somente hoje nós possuímos. Os espíritos independentes que lançaram os fundamentos de um saber puro hesitaram em se libertar das molduras tradicionais, familiar, linguística, geográfica, social, referências das quais todo ser humano, desde sempre, retirava o essencial de sua humanidade. A obra de Descartes contém elipses, omissões e silêncios tanto quanto demonstrações. Não dispunha de muito tempo e disso tinha consciência. Mas como não lamentarmos sua concisão sobre os efeitos que sua alma ingênua, intrépida, sofreu da parte de tantos homens que ele encontrou, de tantos acontecimentos que viu e países que visitou nesses anos de aprendizagem que o veem cavalgando em companhia da soldadesca, procurando depois a convivência dos sábios e, mais uma vez, caminhando com a soldadesca? Quanto espanto nos causa, mas a ele também, sem dúvida, o relacionamento alternado com assassinos profissionais, gente bruta que se entrega sem limites, entre um combate e outro, ao vinho, à libertinagem, e com raros espíritos esclarecidos que seguramente se encontravam, em rápida busca, nas localidades europeias de certa importância, mentes com as quais logo começava a conversar, em latim, sobre os primeiros princípios e os últimos fins!

Quando retorna à França, em 1622, Descartes ainda pensa na possibilidade de ter um emprego. De Rennes, onde primeiramente foi rever seu pai, desce para Poitou. Organiza a venda dos bens herdados de sua mãe para comprar um cargo sobre o qual não estava muito bem informado. Parece estar tão pouco persuadido de que seu destino seja "meditar e conhecer", como gostava de fazer desde o tempo do colégio, e como se dedicou durante a aventura alemã, que logo se entedia na Bretanha. Translada-se para Paris, onde a sua hesitação persiste. Entregar-se à matemática? Mas ele pressente que ocupar-se de "simples números e figuras imaginárias sem projetar sua visão para algo mais além" não dissipará sua inquietude interior. É mês de agosto. Sua obsessão por viagens retorna e o leva, dessa vez, para a Itália. Na origem desta viagem, está o cargo de intendente do exército que a França mantém no Piemonte sob o condestável de Lesdiguières. Tal cargo foi oferecido a Descartes? Ou ele o solicitou? Eis outro motivo de espanto somado àquele de vê-lo, aos 26 anos de idade, obstinadamente surdo ao chamado da filosofia. No entanto, é bem provável que estejamos equivocados em considerar semelhante ambição como algo incongruente. Pensadores de primeira categoria souberam conciliar uma atitude íntegra e talentosa de compreensão das relações mais generosas, das grandezas mais etéreas, com suas preocupações financeiras. O aristocrático Helvétius exerce corretamente seu ofício de caseiro geral e ao mesmo tempo compõe *Do espírito*, obra em que, *en passant*, observa que "viver como todo mundo é acabar pensando como todo mundo". No século seguinte, o jovem Marx abandona seu país, a prestigiosa carreira universitária para a qual estava destinado, nas fileiras do idealismo transcendental em que fora precedido por Hegel e Kant. Foi de capital em capital, deixou Berlim por Bruxelas, e depois trocou Paris por Londres onde conclui o quadro descritivo, que é simultaneamente uma impiedosa acusação, do Moloch deste tempo: o capital. Por fim, Max Weber, depois de realizar brilhantes estudos em Estrasburgo e Berlim, não aspira, como diz a tradição, a um posto de *Privatdozent* em Iena ou Freiburg im Breisgau, mas ao de secretário da Câmara de Comércio de Bremen. Não o obtém. No entanto, seu primeiro trabalho o conduz aos confins da Prússia e da Polônia, onde realiza uma pesquisa sobre a grande propriedade rural e o assalariado agrícola.

Descartes não trabalhará como intendente. Não passará o resto dos seus dias na Itália. E como poucas vidas além da sua nos instigam tanto a sonhar, a imaginar o que de fato aconteceu – pois ela esteve em contato, em diversos momentos, com todos os objetos, todos os lugares, entrou em vibração com diferentes personagens com que foi se emparelhando –, é difícil resistir à tentação de aceitar como hipótese, por um instante, que o condestável de Lesdiguières o teria tomado ao seu serviço. A questão de saber "como devemos viver", com a qual Descartes teve que lidar quando, no ano anterior, desligou-se dos católicos imperiais, está resolvida. Servir no exército foi realizar o sonho acalentado por seu pai desde sempre, e algo que ele mesmo quis ao sair do colégio, após ter redigido um tratado de esgrima para seu próprio uso e orientação. Mas depois ele se aloja em algum palácio de mármore com os funcionários da corte, com os burocratas, e não mais nas trincheiras ou num desolado quartinho munido de um aquecedor. À alternância das marchas, dos combates no verão e da ociosidade forçada no inverno sucede um trabalho regular, pois é preciso alimentar, vestir, guarnecer os exércitos em todas as estações do ano. Enfim, a opulência, a luz dourada da Lombardia para além da janela substituíram a noite glacial da Alemanha; e a obra de arte que a Itália parece ser, a colorida vida de suas ruas e praças estavam ali, ao invés das florestas da Morávia e dos ferozes habitantes da Europa oriental.

Em que a obtenção de tal emprego teria alterado a vida de Descartes? Sua indecisão ainda é muito grande, o que lhe rouba uma atitude que a nosso juízo, *a posteriori*, ele já teria assumido. Sabemos, porém, que a evidência só se impõe depois de dolorosas e longas hesitações. É conquistada mediante uma luta incansável perante os possíveis panoramas que, a cada instante, se apresentam, dos quais um será adotado, no futuro, pela realidade, negação inseparável de toda determinação. O condestável não está totalmente convencido de que o nobre rapaz, proveniente da França através da Basileia, Zurique, do Tirol e Veneza, possua as habilidades necessárias para cuidar com rigor dos gastos de seu exército. Ele parece excessivamente curioso por coisas estranhas a essa tarefa. Ou talvez tenha sido Descartes mesmo a considerar que um encargo de tão grande responsabilidade o privaria da liberdade com que estava habituado a viver, como se nota em seu empenho em visitar diferentes países e ver todas as coisas "naturais" ou "civis" que desejasse.

Em dezembro, ele está em Roma, celebrando o jubileu de 25 anos do papa. As ruínas, as inscrições, os quadros, nas igrejas, as figuras de mármore, praticamente nada disso prende sua atenção. São os vivos, são as realidades presentes que ele quer agora levar em conta. Corre um burburinho de que havia se encontrado com Galileu, ao subir pela Toscana, mas ele esclarecerá mais tarde jamais tê-lo visto. É certo, em contrapartida, que ele visita uma vez mais o exército, que fez cerco a Gavi. Espera ainda obter o cargo de intendente que o faria fixar residência na Itália por um bom tempo? Não se sabe. Ou esse emprego escapou por entre seus dedos, ou não lhe parecia conveniente. Agora já é primavera. Descartes atravessa os Alpes, chega a Lyon, e toma a carruagem em direção a Paris, onde pensa encontrar seu pai e lhe pedir uma opinião sobre o cargo de lugar-tenência geral de Châtellerault que acabam de lhe propor. Descobre então que o pai voltou para Rennes. Nada, naquela época, vendo com os olhos de hoje, era tão complicado, lento e irritante quanto a circulação das pessoas, bens e notícias, e os contratempos, atrasos e decepções resultantes. Mas todas essas coisas compõem a espessura da história, dos meios mais densos, mais resistentes, em que os atos, os pensamentos manifestam viscosidade.

Não é possível saber se, depois disso, Descartes toma a carruagem de Rennes para ir abraçar seu pai, a quem não via há dois anos, em busca de um conselho sobre aquela lugar-tenência. A respeito desse cargo, porém, os amigos que reencontrou em Paris lhe dizem que em Châtellerault só lhe aguardam o marasmo e o tédio mortal. Ele acata a advertência e se instala, de novo, na capital. As pessoas o veem passar vestindo tafetá verde, como estava na moda, com uma pluma no chapéu, a echarpe e a espada na cinta. Ele entra nos 30 anos, idade mais do que razoável num século em que se é velho aos 40 e, aos 50 anos, é comum morrer. E é somente então que ele assume como próprio o que, para nós, era obviamente seu desde o início: no dormitório do Colégio La Flèche ou ao lado do aquecedor alemão, essa curiosidade inextinguível que o impulsiona, desde a adolescência, a percorrer o mundo, sabendo que não haverá pausa e não terá repouso enquanto não estiver seguro ao máximo sobre o que existe, sobre o que ele é. Nada mais, nada menos.

Resta-lhe, ainda, vencer o considerável preconceito, tão duradouro, mas não necessariamente infundado, segundo o qual só se pode pensar determinadas coisas em determinados lugares, e que a estadia de Paris, esta cidade que é "a síntese do mundo", condiciona o acesso às verdades mais importantes. Três anos lhe são necessários para aceitar o primeiro princípio de sua filosofia, a distinção entre as duas substâncias, extensão e pensamento, das quais o ser humano, este monstro, é composto. Ele se hospeda com um amigo de seu pai, parente por afinidade, Le Vasseur d'Étioles, cuja casa é rapidamente invadida por todos os matemáticos, teólogos e médicos da cidade. Ele se reencontra com Mydorge e com Mersenne, seu antigo companheiro de estudos. Faz algumas incursões à corte, que reside em Fontainebleau, em Rennes, talvez na fortaleza de La Rochelle, pois ainda não perdeu inteiramente o gosto pelas armas. Muda de endereço para ficar a sós consigo mesmo. Mas é localizado graças ao seu camareiro.

Estava na cama, escrevendo. Comete um último deslize, ao aceitar o convite de Guidi di Bagno, núncio papal, para assistir a uma conferência de um certo doutor Chaudoux sobre o ensino da filosofia. Mersenne também participa. A exposição convence a assistência. Todos aplaudem com entusiasmo, exceto Descartes. O cardeal de Bérulle, também ali, percebe alguma coisa e lhe pergunta publicamente qual a sua opinião a respeito. O outro alega que não tem nenhuma crítica a fazer quando uma inigualável assembleia de sábios já aprovou unanimemente as palavras que tinham ouvido. Mas o tom que emprega em sua resposta dá a entender claramente que sua opinião é contrária. O núncio se une ao cardeal para pressioná-lo, cobrando uma explicação. Descartes acaba cedendo. Elogia, certamente, a eloquência de Chaudoux, seus talentos, seu mérito, antes de declarar que ele confundiu o verossímil com o verdadeiro. Para provar sua afirmação, pede à assembleia que lhe apresente todas as verdades que julgue incontestáveis. Ele demonstrará sua falsidade. Surgem não menos de quinze proposições universalmente consideradas como verdadeiras. Ele as refuta, confessando antes, imprudentemente, que possui um método infalível para chegar à verdade. No momento de despedir-se, Bérulle lhe suplica que passe em sua casa. Lá, toma consciência de que Descartes conhece realmente a arte de conduzir seus pensamentos com firmeza, que tem uma filosofia, se quisermos falar assim, cujo efeito se estende não só aos corpos sólidos, inanimados, de que trata a mecânica, mas também ao corpo a que nossa alma está unida e do qual se ocupa a medicina. Diz-se que o cardeal convenceu Descartes de que ele tinha a obrigação moral de colocar o seu sistema por escrito. Se Deus o dotou de um discernimento superior, não poderia subtrair este benefício aos seres humanos.

Talvez tenha sido necessário colocar a Deus na balança para que Descartes decidisse tornar-se quem realmente era. Sua filosofia distingue, antes de mais nada, o corpo do espírito. Este, por sua conexão com aquele, está ancorado em algum lugar, mergulhado na duração. Mas isso não o torna menos livre para exercer seu poder específico, que é o de pensar. Pode representar o que bem quiser onde quer que seja, suscitar determinada figura ou determinado objeto apenas para si mesmo, sem correspondência direta a algo que esteja por perto nem mesmo a algo que já exista na realidade. Disto Descartes se assegurou mais de dez anos antes, quando a neve e a noite tinham consumido tudo e a única coisa que subsistira, para ele, solitário, estrangeiro, em Suábia, era a certeza nua de sua existência, a evidência de seu pensamento. Ele recorda o entusiasmo ligeiramente delirante em que seu absoluto isolamento o mergulhou, no mês de novembro de 1619, a tríplice visitação noturna descrita "num pequeno registro em pergaminho" intitulado *Olympica*, que conservou durante o resto da sua vida e que se perdeu no século XVIII.

Embora mude de residência continuamente para escapar às visitas, e ponha o ócio sempre acima de tudo quando passa, deitado, a maior parte do tempo de suas viagens, não há dúvida de que também lhe agrada viver em Paris. Caso contrário, teria preferido servir nos escritórios do exército de Piemonte ou despachar os assuntos correntes da lugar-tenência geral de Châtellerault. Nenhum outro lugar no mundo lhe proporcionará uma sociedade tão sábia, tão brilhante. Além dos amigos de longa data, os matemáticos, os teólogos, na cidade ele pode encontrar homens de letras e poetas como Jean-Louis Guez de Balzac, que ele recomendou com entusiasmo ao legado quando este passou pela corte de Fontainebleau. Ouvir as palavras de Balzac, num lugar "em que elas se unem a todos os outros prazeres e, por vezes, quase parecem excluí-los", segundo o abade Trublet, deve ter feito as delícias de um pensador apaixonado que, desde a infância, jamais foi plenamente correspondido pela poesia.

Mas agora ele já chegou àquela idade em que se está pronto para prever os desdobramentos de uma decisão. Seu contemporâneo, Thomas Hobbes, o teórico da violência de Estado, que se exilou durante dez anos na França, e que frequentava o círculo intelectual de Mersenne, não define de outro modo a razão. Disse ele que a razão é "o cálculo das consequências". Ora, fazer uma obra filosófica a partir das premissas experimentadas na Alemanha e, depois desse momento, continuamente, nas viagens, equivale a considerar todas as coisas, e a própria vida, do estrito ponto de vista do puro e simples entendimento ao qual Descartes, e com ele todo ser humano, deve se ater, caso haja a intenção de saber algo. É preciso, portanto, ausentar-se do mundo, recusar-se a viver esta sensação de encantamento em que o mundo nos mantém mediante os sentidos, por intermédio do corpo. A perda é imensa. E, ainda assim, imperfeita. É preciso acrescentar a isso o sacrifício da vida de relacionamentos que há em Paris, o rigoroso intercâmbio com os geômetras e os médicos, a estimulante conversação com os poetas. Então, somente então, Descartes estará verdadeiramente comprometido com o seu projeto, com o seu objetivo, que é o conhecimento desencarnado, impessoal, apartado das coisas, elas mesmas reduzidas à sua causa.

Estabelecidas essas condições prévias, qual o melhor lugar para que tudo aconteça, onde filosofar? Um país reúne vantagens que o tornam preferível a qualquer outro: a Holanda. Ali reina uma relativa paz que será inútil procurar na Europa ocidental (a Inglaterra, por trás de seu braço de mar, não figura na geografia das possíveis escapatórias). Na Holanda, papistas e partidários da religião reformada se toleram mutuamente. Ali, a comodidade da vida material é pelo menos equivalente à que se encontra nas grandes cidades francesas. É testemunha dessas condições a pintura holandesa da época, retratando exuberantes assembleias de burgueses corpulentos, com as faces coradas, cercados por suas "bem nutridas esposas", ao redor de mesas abarrotadas de pão e carne, de peixes e vinhos, mas também há cenas em que se notam a meticulosa limpeza, a quietude protestante de interiores ladrilhados, claros, recém-lavados, as crianças bem agasalhadas patinando sobre o gelo dos canais. E essas baixas temperaturas são, aos olhos de Descartes, a terceira virtude das Províncias Unidas.

O calor sempre o incomodou, prejudicando sua saúde, e, portanto, seus estudos. Foi o calor que o dissuadiu de se estabelecer na Itália, e mais a bandidagem de que está infestada. Não que esta lhe inspirasse temor excessivo. Pôde conhecê-la em suas peregrinações. Em 1621, por exemplo, após ter estado sob o comando do conde de Bucquoy, entra na Holanda pela Pomerânia, a costa do Báltico, a região da Holsácia. Na cidade de Emden, embarca com seu camareiro em direção à Frísia, contratando os serviços de um marinheiro para fazer a breve travessia num pequeno barco. O marinheiro e seus ajudantes deduzem, pela "suavidade de seu humor", que poderiam facilmente subjugar o viajante. Pensam que é um comerciante estrangeiro com uma boa quantia de dinheiro na bagagem, e cometem o erro de planejar em voz alta o melhor modo de atacá-lo. Descartes conhece o idioma alemão o suficiente para compreender a situação. Altera totalmente a expressão do rosto e aponta sua espada para o queixo do capitão, intimando-o a levar o barco a bom porto se não quisesse ter sua garganta rasgada de orelha a orelha. E isso fala num tom que não deixa pairar a menor dúvida sobre a firmeza de suas intenções. O outro obedece e deixa o viajante em Delfzijl. Mas não se pode passar a vida inteira lutando contra malfeitores.

Nos primeiros dias de dezembro de 1628, Descartes abandona Paris. Não se encaminha diretamente para o seu destino. Retira-se para o campo, não se sabe ao certo onde, com a intenção de se preparar para o regime filosófico que observará até o fim. A base desse regime é a abstração do mundo, da exterioridade sentida, desejada, da vida. O que requer a solidão que se experimenta no meio da multidão, no coração das grandes cidades, quando se está no estrangeiro. Qualquer paróquia rural francesa pode ser um excelente aperitivo e ajudá-lo a se acostumar com a ideia. Precisa também exercitar-se para as baixas temperaturas do distante promontório amuralhado com diques, castigado pelas borrascas do mar do Norte, ou invadido pelo nevoeiro gelado da planície alemã quando sopra o vento leste.

Não temos outros detalhes sobre a eclusa em que se fecha do início do Advento até fins de março de 1629. Mas podemos conhecer um dos efeitos daquele período de reclusão. Basta ler as *Meditationes de prima philosophia in qua Dei existentia et animae immortalitas demonstrantur*, impressas em agosto de 1641 e traduzidas para o francês pelo duque de Luynes. A este livro voltaremos. Descartes se instala inicialmente em Amsterdã, onde teve o cuidado de não informar seu endereço para ninguém, mesmo estando tão longe. As cartas que lhe enviam são direcionadas para a casa de mademoiselle Reyniers, em Amsterdã, e, em Dordrecht, para a de Isaac Beeckman; para a casa de Van Sureck, em Bergen, e para a de Hogeland, em Leyde; em Utrecht, para a casa de Anna Maria Schurman ou a de Regius. Ele próprio, quando escreve, afirma que está em Amsterdã, ou em Leyde, lugares em que, na verdade, não se encontra. A vida filosófica ou a filosofia vivida, para qual se preparou por um retiro de quatro meses num deserto francês, em pleno inverno, leva-o, a partir de agora, a viver como alguém que, dentro do mundo, está fora do mundo, morto para as impressões recebidas pelos nossos sentidos, para os homens que povoam este mundo, e para este inseparável companheiro que é o nosso corpo.

Em Amsterdã e a seguir em Franeker, na Frísia, para onde sua mania itinerante o conduz pouco depois, ele se dedica a enunciar provas irrefutáveis da existência de Deus, a traduzir em equações as leis da dióptrica (parte da óptica que trata da refração e orienta a fabricação das lentes de lunetas), a explicar os parélios, ou falsos sóis, que acabam de ser observados no céu de Roma. Mas como o conhecimento não deve negligenciar o corpo, Descartes se ocupa também da anatomia. Quase todos os dias do primeiro inverno passado em Amsterdã, visita um açougueiro para ver como corta e separa as partes dos animais. Com frequência, pede que lhe mandem um cesto com pulmões e corações, e cérebros. Pergunta a si mesmo se a glândula pineal não serviria de ponte entre o espírito e o corpo. A publicação simultânea, em 1637, dos ensaios *Geometria*, *Dióptrica* e *Meteoros*, tendo o *Discurso do método* como prefácio, dão testemunho desses trabalhos. É nas *Meditações*, porém, que encontraremos as disposições específicas que tais pesquisas supõem, a atitude pessoal, o peculiar modo de viver adotado por Descartes que gerou aquelas disposições.

A primeira meditação expõe o que o retiro campestre e depois a residência estrangeira, na cidade, produziram na prática, ou seja, a separação heurística, como se o espírito tivesse tirado férias do mundo exterior, do seu enviado permanente, tão próximo, com suas urgências: o corpo. A reclusão ao lado do fogo, a extrema solidão, os surpreendentes pensamentos a partir disso são realidades já mencionadas no *Discurso* de um modo lacônico, mas é na

Meditatio prima que serão desenvolvidas. Nossas opiniões, em sua maior parte, são falsas. Ora, é através dos sentidos que nós as recebemos. Logo, temos de prescindir de seus ensinamentos para atingir certezas que não lhes devam nada, se é que tal certeza existe. Embora esteja completamente só, numa casa de Amsterdã de endereço desconhecido, Descartes encontra-se, e bem o sabe, rodeado, no pensamento, por inúmeros contraditores. O fantasma do gênero humano anda à sua volta. As vozes do senso comum ressoam aos seus ouvidos, em silêncio. Recusar o testemunho dos sentidos? Que extravagante desconfiança! Como? Por acaso não está sentado, vestindo seu roupão, perto do fogo? Não enxerga suas próprias mãos? Não sente seu próprio corpo? Sem dúvida! Mas com frequência já experimentou certeza igual em situações em que as coisas não eram assim. Deitado em sua cama, totalmente nu, com os olhos fechados. Dormindo. Não há nenhum indício, nos sonhos, de que a realidade não seja aquilo, e, por outro lado, de que, na realidade, não se esteja sonhando. Nada mais, portanto, está assegurado? Nada sobreviverá à incerteza que o sono invencível derrama sobre toda a existência? Para responder a essa objeção, Descartes invoca os sátiros e as sereias, e outras criaturas imaginárias com que os pintores preenchem seus quadros. Por mais insólitas que sejam, continuam apresentando partes de diferentes animais. E mesmo não sendo semelhantes a nada do que encontramos no universo acordado, real, suas cores, pelo menos, seriam verdadeiras. Assim, as visões que nós temos, em sonhos, embora inconsistentes, têm em comum, com o que vemos na realidade, propriedades de tamanho, quantidade, tempo etc.

Os Países Baixos, a estadia reclusa que oferece a Descartes uma vida abstrata, quase exclusivamente meditativa, fazem surgir uma realidade nova, independente das percepções, dos afetos que albergamos e que, ingenuamente, tomávamos pelas coisas mesmas. A reflexão, quando conduzida num contexto de exílio, sem os fundamentos e o entorno ordinários, purificada das evidências primeiras, redesenha o mundo. Sob as aparências cintilantes, variáveis, infinitas e sempre singulares, detecta suas propriedades constantes e firmes, a extensão, a quantidade, a duração, que são insensíveis aos sortilégios do sono, calculáveis em ambos os lados da fronteira que separa o sonho da vigília. "Pois esteja eu acordado ou dormindo, dois mais três formarão sempre o número cinco e o quadrado nunca terá mais que quatro lados". Vemos assim, retomando uma formulação tardia de Hegel, o real tornar-se racional e o racional, real.

O segundo realismo que Descartes elabora, sozinho, vivendo como um desconhecido, um estrangeiro, na Holanda, é tão sedutor quanto as obras ficcionais mais ousadas daquele tempo, como as andanças erráticas do esquelético fidalgo que Cervantes leva pelos áridos caminhos da Mancha, ou como as extravagâncias dos príncipes ensandecidos colocados em cena, ao que parece, por Shakespeare. O inglês, o espanhol e o francês são irmãos. Anunciam conjuntamente, sem se conhecerem, que uma criança acaba de nascer. Se há uma diferença entre ela e seus antecedentes históricos, é a consciência que possui de si mesma, é ser capaz, mesmo nos piores acessos de fúria ou de aflição, no excesso de alegria ou na hora das humilhações, de conservar, como no olho do furacão, a imperceptível distância de tudo e de si mesma, a "paixão calma" com a qual, empregando palavras do filósofo inglês David Hume, devemos fazer nossos julgamentos. Cervantes, que narra o fim dos tempos encantados, não poderia fazê-lo de modo mais razoável. Desprovido de fortuna pessoal, precisa de um emprego. Trabalha nos escritórios da marinha preparando a expedição da Armada Invencível, que a frota inglesa e a tempestade, no mar do Norte, enviarão para as profundezas. Do outro lado da Mancha – não a província espanhola, mas o estreito de Calais –, Shakespeare, contanto que não seja um fantoche nas mãos do chanceler Francis Bacon, traz ao mundo Hamlet, Macbeth, e põe na boca de seus personagens as sentenças que articulam a dúvida inerente à nossa condição, o irreparável dilema que agora nos transpassa: "Ser ou não ser". "O mundo inteiro não passa de um palco". "A vida é uma história contada por um tolo, cheia de som e fúria, desprovida de sentido".

Para Fernand Braudel, especialista nos longos períodos históricos, o traço distintivo da aventura europeia é o "*trend* racional" – ele, excepcionalmente, utiliza aqui uma palavra em inglês – que atravessa os dois milênios e meio transcorridos desde o amanhecer grego. Infiltra-se na cultura material das nações distribuídas entre o estreito de Gibraltar e o golfo de Bótnia, o Atlântico e a cidade de Tessalônica, até as portas do estreito de Bósforo. Mas irriga também os cérebros, suscitando neles extraordinários personagens nos quais descobrimos, levados a seu mais alto grau de inteligibilidade, o nosso drama coletivo, os tormentos da nossa humanidade. Esses personagens são irmãos gêmeos, tenham eles vindo à luz sob a garoa inglesa, ou nas margens verdejantes do rio Avon, ou na ofuscante e tórrida Espanha. Compartilham a mesma incerteza essencial. O sentido do mundo foi hipotecado, com o fim dos tempos das trevas e da fé. É esse o conteúdo dos delírios, fingidos ou realmente sentidos, do príncipe da Dinamarca, do cavaleiro da Triste Figura, mesmo havendo centenas de quilômetros de distância entre os dois.

Contudo, ainda falta um século para que a divisão internacional de tarefas se realize totalmente, fazendo da Inglaterra a futura fornecedora de mercadorias do planeta, enquanto a França produzirá literatura e declarações políticas, a Alemanha se dedicará à filosofia e à música, a Itália à pintura, à música também, e a uma arte de viver que transforma cada instante numa obra de arte. Por ora, a Alemanha está devastada pelas guerras, a Inglaterra disputa com a Espanha o senhorio dos mares, e, portanto, do mundo, e as letras, na França, estão sufocadas pelo absolutismo nascente. Compreende-se então que a literatura floresça na Inglaterra protestante, preocupada em lançar os fundamentos políticos, jurídicos do capitalismo, e que a Espanha católica, colonialista, chegue ao auge de seu poderio, e, portanto, comece a experimentar o declínio. Daí porque a França, pela primeira e única vez na sua história, possa debruçar-se sobre a filosofia. Mas como não é essa a sua inclinação mais profunda, pois o modo de expressão que adota espontaneamente é a literatura, duas coisas ocorrem em consequência. A primeira é que o empreendimento filosófico assinado por Descartes precisará, para alcançar seu bom termo, expatriar-se na Holanda. A segunda é que, em virtude do esforço do autor para realizar sua concepção, a obra de Descartes apresenta um caráter íntimo, sensível, literário, que torna patente o temperamento nacional e nos faz sentir seu parentesco com as grandes obras ficcionais da época.

A primeira *Meditação* enuncia as maiores ressalvas a respeito do que, até então, passava por ser a realidade. O que se vê e se crê existir poderia perfeitamente ser apenas um sonho, uma emanação fantástica do sono. Este jamais indica, e a vigília tampouco, se o que percebemos existe por si mesmo ou somente no pensamento, somente para nós. Reconhecemos, numa linguagem concisa, depurada, o equívoco que enfrentam os heróis deste tempo, Hamlet, numa Dinamarca *made in England*, e Dom Quixote, na verdadeira Castela de 1600. Um outro espanhol deste tempo, Calderón, escreveu uma peça teatral com título exemplar, *A vida é sonho*. O protagonista, outro príncipe, é manipulado a tal ponto que já não sabe se está agindo de verdade, ou se está recordando um fato real, ou se estava sonhando.

Logo, Descartes, que necessita da certeza, não pode admitir nenhum dado transmitido por seus sentidos, pois, submetido ao sono e ignorando estar acordado ou dormindo, corre o risco de tomar suas visões pela realidade, e o ensinamento que dessas visões tiraria não possuiria mais consistência ou validade do que um sonho. Chegar a esse ponto é muito, mas ainda não é tudo.

Descartes acredita que é dever seu prevenir o leitor antes de conduzi-lo mais longe, à vertigem que se apodera do espírito quando nos empenhamos em reconsiderar todas as coisas de novo, a partir do zero. Ele escreve: "Não poderia, hoje, conceder demais à minha desconfiança, uma vez que não se trata agora de agir, mas tão somente de meditar e conhecer". Logo depois, outro passo, o último, e mergulha no abismo. Supõe que Deus, cuja existência ele estabelecerá posteriormente e ao qual atribui, segundo o costume de então, onisciência e onipotência, quis que ele se equivocasse até mesmo na mínima realidade que havia subtraído ao engano do sono. Descartes acreditava estar certo de que dois mais três são cinco, que um quadrado tem quatro lados, quer esteja sonhando ou não. Não é bem assim, afinal. O deus cruel, o "gênio maligno" que ele precisa convocar na busca de um elemento de certeza subsistente, de um fundamento absoluto, esse deus se põe ao lado das aparições terrificantes, dos adversários prodigiosos que perseguem os heróis dessa época, o fantasma do castelo de Elsinore, o invisível mago que metamorfoseia os moinhos em gigantes e a estes, uma vez mais, em moinhos de vento, que transforma uma camponesa suja e feia em princesa, e a cavalgada insana, suarenta, através do nada, numa assunção mística. Diante de Descartes, um deus funesto preenche o universo. Sua diversão consiste em cortar os poucos fios que o pensador tinha salvaguardado. Ele tinha admitido que talvez não estivesse ao lado do fogo, que não via as próprias mãos, que não sentia o próprio corpo. Que atrevimento! Não existe nada, na verdade, nem fogo, mãos, nada. Não passam de ilusões produzidas por um espírito possuído pelo gênio maligno que controla o mundo. Descartes acrescenta então um último toque à verossimilhança deste romance exato que ele compõe com tanta meticulosidade diante dos nossos olhos, hoje, um último toque ao sabor do verdadeiro que luta para capturar, para salvar, no quarto tomado pelo adversário mais formidável que jamais existiu: a confissão de que "esse desígnio é árduo e trabalhoso, e uma certa preguiça arrasta-me (Descartes) insensivelmente para o ritmo de minha vida ordinária". Já é tarde da noite. Ele coloca o ponto final na primeira *Meditação* e se abandona, despreocupado de tudo, às mistificações inevitáveis, mas repousantes, deliciosas, do sono.

A noite, despedindo-se, deixou no limiar do dia o seu presente, novas forças para enfrentar a ilusão – ou o real, já não sabemos –, que renasce conosco a cada jornada. Descartes permanece deitado na cama. Traz para si a escrivaninha portátil, toma uma folha em branco na qual escreve com letras maiúsculas: *Meditatio secunda*. Depois, em caracteres pequenos e redondos, nítidos, regulares, em latim: "A meditação que fiz ontem encheu-me o espírito de tantas dúvidas, que doravante não está mais ao meu alcance esquecê-las. E, no entanto, não vejo de que modo poderia resolvê-las". Recapitula as perdas infinitas, contagiosas, que lhe foram infligidas pelo falsário divino. Não somente nada do que ele vê, toca, sente é verdadeiro, mas também sua memória encontra-se repleta de mentiras. Quanto ao mago contra o qual está lutando, a exemplo do cavaleiro da Triste Figura, é diferente do seu homólogo castelhano pelo fato de não ser o mestre incontestável dos enganos com moinhos, carneiros, camponesa, mas talvez uma ilusão suprema inventada pelo próprio Descartes, vítima de sua própria razão, tão louco, ao seu modo, em seu quarto, quanto o pobre Dom Quixote sob o sol abrasador. Uma coisa, porém, ninguém pode lhe tirar, ainda que tudo seja duvidoso. A sua própria dúvida. Ora, duvidar é pensar. A pluma de Descartes, suspensa no ar por alguns instantes, retoma seu curso circunspecto e resoluto: "É preciso, enfim, concluir e ter por constante que esta proposição, eu sou, eu existo, é necessariamente verdadeira". E como seus contraditores, que são o grande enganador, mas também, embora não tenha disso conhecimento, a espécie pensante amontoada ao redor da sua cama, a universalidade das consciências, ainda não compreenderam o que lhes parece muito vago, ele concretiza: "Eu, que estou certo de que existo, sou, portanto, falando precisamente, uma coisa que pensa, isto é, um espírito, um entendimento ou uma razão".

É tão inclemente a disputa enfrentada por Descartes nas *Meditações* que, ao iniciá-las, escreveu ao padre Mersenne, no dia 9 de janeiro de 1639, dizendo-se disposto a evitar qualquer distração e que, por esse motivo, não poderia responder às cartas, "sempre muito bem-vindas", que seu correspondente porventura lhe enviasse. No entanto, desde a época em que se estabelecera na Holanda, dez anos mais cedo, em 1629, em Franeker, Descartes já havia esboçado sua metafísica e nada nos impede supor que a natureza cuidadosamente escolhida daquele lugar atuou de imediato, separando Descartes dos seus compatriotas, daqueles para os quais tinha tomado a precaução suplementar de se tornar incomunicável. Essa mesma natureza o poupou do calor, que ele teme, da Europa meridional, confinado agora ao que produz um fogo doméstico. Deitado em sua cama, absorto em seus pensamentos, pode encontrar no fundo do delírio que ele construiu metodicamente a verdade indubitável – eu penso, eu existo – sobre a qual irá edificar, enfim, a sua filosofia.

"O tempo que me resta de vida" – são palavras suas – ele resolveu empregar em adquirir algum conhecimento da natureza. Trata-se de sua geometria, sua física, a teoria dos turbilhões, que têm por berço – embora nada pareça mais indiferente aos nossos pensamentos do que o lugar onde nascem – Amsterdã, na residência da viúva Reyniersz, na Oudezijds Achterburgwal, a cidade Deventer (maio de 1632), Utrecht (1635), Leyde, onde Jean Maire, um francês originário de Valenciennes, imprime o *Discurso*, Alkmaar, Santpoort, e depois, de novo, Leyde, Amersfoort, onde sua filha morre em 7 de setembro de 1640, com cinco anos de idade, e, para concluir, Egmond, antes de partir para a Suécia, "terra de ursos, entre rochas e gelo", cujo frio o matará.

HISTORIE

Hout Straat

Hoogeveens Hofje

Houtstraat Brug

Voorste Doelen Steeg

W

Gracht

Rapenburg

K

AKADEMIE   Kloksteeg Brug

Nonnen Steeg

Doelen

Achter

Kolfmaker

Manège van de Akademie

Speelmans Poort

A situação do mundo durante a primeira metade do século XVII pode inspirar num francês o desejo pouco natural de filosofar. A Europa ainda está tentando desvencilhar-se do pântano de mil anos em que tinha afundado. Os Estados-nações acabam de entrar em cena. Mas esses novos atores mal conseguiram esboçar os papéis, os personagens que irão interpretar durante um bom tempo e que sua integração na entidade europeia apagará depois. A arrogância da Espanha, seu império solar sobre a terra estão prestes a esgotar-se, ao passo que a Inglaterra isabelina, comercial, luterana, prepara-se, com sua tenacidade lacônica, para ocupar aquele espaço. A Itália está em ruínas, a Alemanha é um campo de batalha. A França, espartilhada pelo absolutismo nascente, profundamente rural e católica, autárquica, introspectiva, mata na raiz toda veleidade de sequer pensar o que são o Estado, as liberdades civis, um cidadão. Hobbes, Locke só abordam semelhantes questões porque são objeto de lutas e controvérsias na Inglaterra. As relações de força entre as dinastias feudais e mais adiante entre a aristocracia e a burguesia não foram levadas, no outro lado do Canal da Mancha, até as suas últimas consequências, ou seja, o esmagamento total do adversário. Nisso, os ingleses são mais razoáveis do que qualquer outro povo. Desde o início do século XIII, os barões impuseram ao rei a Carta Magna, que é o reconhecimento das liberdades. O Parlamento rapidamente se converte no órgão político representativo da nação. O cisma de Henrique VIII liberta o país da tutela de Roma. *Landlords* e comerciantes dividem as terras. Os reis da França aniquilaram militarmente as casas rivais, a de Borgonha, por exemplo, ou então se casaram, sentindo maior ou menor contragosto, com as princesas da Bretanha ou da Aquitânia. Recusaram-se a aceitar pelo máximo de tempo possível qualquer representação à burguesia, qualquer tolerância à religião reformada, qualquer reflexão sobre o fato político. Por aí podemos entender o tom radical com que, um século mais tarde, um plebeu de origem protestante, Jean-Jacques Rousseau, escreveu sobre a questão da igualdade. A nobreza, por não ter sabido contemporizar enquanto havia tempo, não só perderá seus bens, mas também a cabeça, no cadafalso, e os exércitos da República, una e indivisível, exportarão os artigos da Constituição com as baionetas em posição de ataque. Veremos o general Pichegru, e depois o marechal Brune se deslocarem até Den Helder, o anteporto de Amsterdã, onde a frota holandesa, presa no gelo, estava à mercê de um ataque de cavalaria.

Mas esses acontecimentos estão ainda em gestação quando o componente racional do desenvolvimento europeu começa a surgir como tal àqueles a quem orienta a conduta e as aspirações, sem que tenham refletido claramente sobre isso, em Pisa, em Dordrecht, em Londres, e em outros lugares. Homens isolados desviam-se, por sua conta e risco, da tradição escolástica e se voltam para os fatos. Deixam cair balas de canhão do alto da torre de Pisa, acompanham o movimento do sangue nas veias, e o do mercúrio num tubo de vidro aberto numa das extremidades, e de tudo o que se oferece, na verdade, como se fosse a primeira vez, aos olhos de quem, enfim, considera-se a si mesmo "nada", mas também "um entendimento ou uma razão". Esse nada, esse sujeito consciente, seguro de si, que constitui o mundo em objeto regido pela causalidade mecânica, é o primeiro na ordem lógica. O sangue, o ar e o mercúrio estão aí desde sempre. Mas o fato de que um irriga os corpos, de que o outro equilibra uma coluna de mercúrio à altura de 76 centímetros, são coisas que somente no início do século XVII Harvey e Torricelli estabeleceram incontestavelmente. Sua atitude intelectual lhes revela algo em que ninguém havia pensado antes. O que eles veem possui, como contrapartida, uma ideia de si mesmo, uma identidade purgada de tudo o que se havia depositado nela de ignorância, medo, vaidade, impotência, o grande passado.

Seria indispensável que o sujeito cognoscente, agindo racionalmente, fosse evidente para si mesmo? O importante não é o que se diz. É o que se faz. Os ousados experimentadores daqueles tempos não se preocupavam em saber quem eram, em destrinçar o seu peculiar modo de considerar as coisas, a atitude existencial que compartilhavam, e que, para além das fronteiras, das diferenças de idioma, dos temperamentos nacionais, dos conflitos de poder, faziam deles uma só família, da qual eram membros dispersos sem o saber, reunidos pelos laços do espírito mais do que da carne. O que nos move não deve ser enunciado necessariamente para orientar nossas decisões, dirigir nossas vidas. Mas quando uma resolução coletiva tende a dar preferência, em quaisquer circunstâncias, à "paixão calma", ao "cálculo das consequências", quem aplica semelhante procedimento a todas as coisas não deveria deixar de aplicá-lo a si mesmo. Deveria deixar-se iluminar pela luz da qual é o ponto refletor. Na ausência da Alemanha, tradicionalmente encarregada, na Europa, da atividade metafísica, um francês, mais naturalmente inclinado para a poesia, pergunta a si mesmo o que ele é. Essa questão condiciona o valor lógico do que ele conhece. A França que, no domínio filosófico, nunca brilhou tanto em sua história quanto naquela época, hostiliza, porém, em muitos aspectos, a própria filosofia. Suas instituições e sua religião são inimigas do livre-exame, sem o qual muitas coisas, importantes, permanecerão fora do alcance do espírito. A fecunda vida social, o gosto da conversação, se não se toma cuidado, impedem o trabalho que deve ser realizado de modo contínuo, solitário. Sempre haverá um vizinho, ou um talentoso conversador, ou uma dama dispostos a empurrar nossa porta a fim de nos distrair ou nos levar para fora de casa. É preciso, portanto, exilar-se.

Os países em que é possível trabalhar filosoficamente não são muito numerosos. Devem, inicialmente, admitir que uma pessoa estude o que bem entender, tudo, sem exceção, sem que o trono e o altar se considerem prejudicados pelos pensamentos que surgirem desse estudo. Desde já o mundo católico se encontra, portanto, eliminado do espaço mental viável. Pontos de vista autônomos, indiferentes com relação à autoridade, jamais surgirão a oeste da linha que vai de Bruxelas a Bríndisi, passando por Metz, Zurique e Bolonha. De resto, além de que o absolutismo e o catolicismo fecharam essa região à livre investigação do espírito, seu clima era insuportável para Descartes. O calor é para ele um tormento, bloqueia suas ideias. A Alemanha é o teatro sangrento das contradições internas da Europa, das ambições políticas, dos conflitos religiosos que a deixarão exangue. Quando despertar do pesadelo da Guerra dos Trinta Anos, esgotada, e ainda dividida, sem Estado central, sem destino nacional, deverá limitar-se a filosofar, enquanto a Inglaterra e a França se esforçam para realizar as duas maiores revoluções do Ocidente, a econômica e a política. A Dinamarca fica longe demais, a Suécia é exageradamente fria. Pouco tempo depois de ter se instalado nesse país, Descartes, em 1650, lá morrerá.

Restava uma pequena faixa litorânea, na orla do mar do Norte, onde um homem poderia experimentar a atitude de formar pensamentos verdadeiros, tornando-se, num só gesto, "senhor e mestre da natureza". Esse lugar era a Holanda.

Bleekery

Laan

Haarlem

Bleekerij

ora Lusthof

loemmistery

gel

Rijnsburgsche Poort

N
A
E
P

Lators Hof

Eendragt

Vest

Straat

S.t Aagten

Binnen

S.t Salvators Hofje

Straat

Steen

W

Bees

Kruis of Narrem Straat

Mark

Rijnsburger Bolwerk

Koornmolen de Valk

Gracht

Wijk Straat

Korte Scheistraat

Dominee P.

Korte Lange

Gracht

West Dwars of Mare

Hokke Straat

Korte Straat

Drce Puart

Laken Hal

Lange Schei Straat

Oude

Turfmarkt Brug

Oude

Scheistraat Br

Papegaai's Bolwerk
Begraafplaats

Stads G

Binnen

Zwane Poort
Rynevest Straat
de Schans
Hanker Poort
West Volmolen Steeg

Langere
Klap

Three Poort
Boere Poort
K
Volmolen

Oude Singel

Jan Vossen Brug

Vest

Mare Kerk

iek

Oost Volmolen Steeg

Vest

Zand Straat

Toegang Straat

Kwaak Brug

Lange

Assendelfts Hofje

Brouwerij

Zand Straat

Baat Straat

Aardappel Markt

Oude

Haze Poort

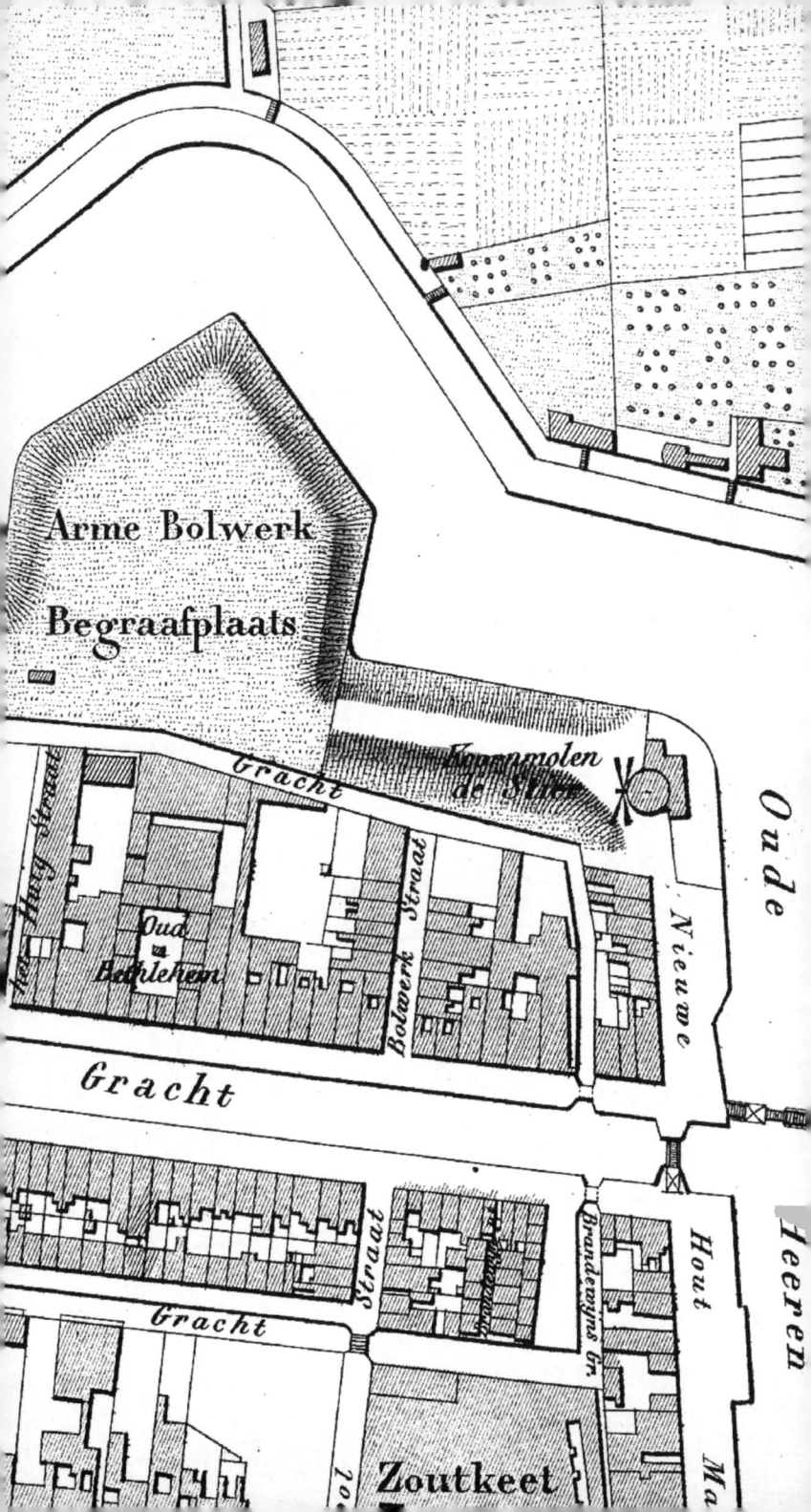

Arme Bolwerk Begraafplaats

Gracht

Koornmolen de Stier

Heere Huyg Straat

Oud Bethlehem

Bolwerk Straat

Oude Nieuwe

Gracht

Straat

Brandewijns Gr.

Hout

Gracht

Heeren

Zoutkeet

© Editora NÓS, 2016
© Éditions Verdier, 2009

Direção editorial SIMONE PAULINO
Projeto gráfico BLOCO GRÁFICO
Revisão FÁBIO BONILLO
Produção gráfica ALEXANDRE FONSECA

Mapa de Leiden por W.J. van Campen, 1850.

Dados Internacionais de Catalogação na Publicação (CIP)
(Câmara Brasileira do Livro, SP, Brasil)

Bergounioux, Pierre
  Um quarto na Holanda: Pierre Bergounioux;
  Tradução e apresentação: Gabriel Perissé
  São Paulo: Editora Nós, 2016.
  96 pp.
  Título original: Une chambre en Hollande
ISBN 978-85-69020-08-0

1. Descartes, René, 1596-1650 2. Filosofia francesa
3. Filosofia - Ensaios I. Perissé, Gabriel. II. Título.

16-00850 / CDD-194

Índices para catálogo sistemático:
1. Descartes: Obras filosóficas

Todos os direitos desta edição reservados à Editora NÓS
Rua Funchal, 538 – cj. 21
Vila Olímpia, São Paulo SP | CEP 04551-060
[55 11] 2173 5533 | www.editoranos.com.br

Fontes
NASSAU, IRMA
Papel
PÓLEN BOLD 90 g/m²
Impressão
INTERGRAF
Tiragem
1000